Cornelia Lotter

Vom Fortgehen und Ankommen

Begleitband zum Roman
»Die falsche Heimat«

Impressum

1. Auflage 2023

Cornelia Lotter
Wiebelstraße 6, 04315 Leipzig
lottercornelia@gmail.com
www.autorin-cornelia-lotter.de

Buchsatz: Christian Balcaen | mybookMakeUp.com
Covergestaltung: Tanja Prokop | bookcoverworld.com
unter Bildverwendung von:
Bundesarchiv, Bild 146-1985-021-09
Autor/-in unbekannt / CC-BY-SA 3.0
de.wikipedia.org/wiki/Datei:Bundesarchiv_Bild_146-1985-021-09,_Flüchtlinge.jpg

ISBN: 9783754661260

Veröffenlicht über tolino media

Bibliografische Information der Deutschen Nationalbibliothek:
Die Deutsche Nationalbibliothek verzeichnet diese Publikation in der Deutschen Nationalbibliografie; detaillierte bibliografische Daten sind im Internet über dnb.dnb.de abrufbar.

Herstellung und Druck über tolino media GmbH & Co. KG, München.
Printed in Germany

Das Buch

Kann man sich an traumatische Ereignisse erinnern, die man als Kind erlebt hat und die mehr als 80 Jahre zurückliegen?

Als die Autorin Cornelia Lotter begann, die Interviews mit den Zeitzeugen über deren Flucht bzw. Vertreibung aus den sogenannten Ostgebieten zu führen, die eigentlich nur zur Recherche für ihren Roman »Die falsche Heimat« dienen sollten, erlebte sie eine Überraschung.

Ausnahmslos alle Frauen und Männer erinnerten sich detailliert an die Zeit, als sie – teils zusammen mit ihren Müttern, teils allein – eine Reise ins Ungewisse antreten mussten. Dass diese wertvollen Zeugnisse nicht verlorengehen durften, war der Autorin bald schon klar. Deshalb beschloss sie, einen Begleitband zu schaffen, der diese Erinnerungen der Nachwelt erhalten soll. Versehen mit Fotos, Dokumenten und Gedichten, soll er ein mahnendes Zeichen gegen Krieg und Gewalt sein.

Ein Thema, das nie so aktuell war, wie im Augenblick.

Über die Autorin

Die Leipziger Autorin Cornelia Lotter beschäftigt sich in ihren Romanen insbesondere mit den Verbrechen während der Zeit des Nationalsozialismus. Die ausgebildete Lehrerin ist Mitglied im Verband deutscher Schriftstellerinnen und Schriftsteller und im Selfpublisher-Verband. Sie veröffentlicht ebenfalls in anderen Genres, auch unter Pseudonym. Für ihren ersten Leipzig-Krimi erhielt sie 2013 den 1. Leipziger Krimipreis.

Der Roman »Gettokind« wurde für den Deutschen Selfpublishing-Preis 2019 nominiert (Shortlist). Auch der Roman »Die Aufseherin« wurde 2021 für den Selfpublishing-Buchpreis nominiert.

Foto: Frank Tuerpe

Autoren-Website: www.autorin-cornelia-lotter.de

Inhaltsverzeichnis

Erika Schirmer

Welche Worte hat der Schmerz?

Erbarmungslos, so trieb man uns
durch Kälte, Eis und Schnee.
Lautlos brach in der Winternacht
mein Herz in Angst und Weh.
Ich will den hören, der das kann,
der diesen Schmerz beschreibt,
wenn unverschuldet Furcht und Schreck
die Menschen vorwärts treibt.
Vom warmen Herd, gefülltem Schrein,
trieb man uns in die Nacht.
Verzweifelt trug man durch den Schnee
die letzte, karge Fracht.
Das Haus, der Stall, der Gartenzaun,
die Linde blieben stehn.
Die Menschen, hilflos, jämmerlich,
wir mussten alle gehen.
Und als der Sturm in jener Nacht
den alten Baum durchfuhr,
war mir, als fiel ein schwarzer Schnee,
begrub die stumme Spur …

Vorwort

Noch ein Buch zu diesem Thema, wer braucht das?, werden sich wahrscheinlich einige LeserInnen fragen. Deshalb hier ein paar erklärende Worte zu meiner Intention.

Im Rahmen meiner Recherchen zu verschiedenen Romanen zum Themenkreis »Nationalsozialismus« wurde mir immer wieder schmerzlich bewusst, dass es nur noch wenige Zeitzeugen gibt, die uns im Rahmen der »Oral-History« Bericht erstatten können.

Das Thema »Flucht und Vertreibung«, zu dem es unzählige Romane, Sachbücher, wissenschaftliche Veröffentlichungen, Spielfilme und Dokumentarfilme gibt, hat mich schon immer interessiert. Nicht nur, weil mein Vater oft von der im Haus einquartierten Familie aus Schlesien erzählte, die im ersten harten Nachkriegswinter die dicke Hauskatze fing und briet, und meine Mutter von einer alten Frau von ebendort, die eine Zeitlang in ihrem Elternhaus wohnte und ihr das Stricken beibrachte.

Ich wusste, ich durfte es nicht noch länger hinausschieben, damit es überhaupt noch Menschen gibt, die mir von ihren Erfahrungen erzählen können. Menschen, die damals, 1944 bis 1947, noch Kinder waren. Ich begann mich zu fragen, inwieweit sich diese Menschen überhaupt noch an Situationen und Geschehnisse aus ihrer lange zurückliegenden Kindheit erinnern können. Und – natürlich auch – ob sie diese traumatischen Erfahrungen überhaupt jetzt, am Ende ihres Lebens, mit jemandem – noch dazu einer völlig Fremden – teilen wollen würden.

Erstaunlicherweise habe ich die Erfahrung gemacht, dass gerade am Ende des Lebens bei vielen ein Bedürfnis existiert, über Dinge, die sie viele jahrzehntelang verdrängt hatten, zu sprechen. Und es ist ebenfalls erstaunlich, wie detailliert und umfassend diese Erinnerungen in manchen Menschen noch heute, so viele Jahre danach, präsent sind.

Natürlich weiß ich, dass Erinnerungen immer auch zu misstrauen sind. In Vorbereitung meines Romans »Durch die Hölle« habe ich mich intensiv mit »False Memories – Falschen Erinnerungen« beschäftigt. Erinnerungen sind nie ein objektives Abbild eines Geschehens. Erinnerungen sind selbst kurz nach einem Geschehen gefärbt von den unterschiedlichsten Einflüssen. (Für Interessierte empfehle ich hier das Buch von dem emeritierten Charité-Professor für Forensische Psychologie Max Steller »Nichts als die Wahrheit? Warum jeder unschuldig verurteilt werden kann«.)

Wie soll es da mit so lange zurückliegenden Ereignissen anders sein? Erzählungen von Erwachsenen, Gelesenes und im Fernsehen Gesehenes, Wertungen und nachträgliche Angleichungen an angeeignetes Wissen, dieses und vieles andere mehr hat aus den Erinnerungen ein Konglomerat geschaffen, dem man mit Vorsicht begegnen sollte.

Sie fragen sich vielleicht jetzt, welchen Wert dann überhaupt so ein Buch mit Erinnerungen hat. Diese Frage kann ich gut verstehen. Aber ich habe keine Antwort darauf.

Eigentlich wollte ich nur für einen Roman recherchieren, den ich zu dem Thema schreiben wollte. (Dieser Roman ist mittlerweile unter dem Titel »Die falsche Heimat« erschienen, und in ihm werden Sie manche der Interviews oder Teile davon wiederentdecken, in Form von Briefen, Tagebüchern und Dialogen.)

Doch nachdem ich so viele Geschichten von Frauen und Männern gehört habe, die damals, zur Zeit der Ereignisse, die heute unter »Flucht und Vertreibung« subsumiert werden, als Kinder auf eisigen Wegen an der Hand ihrer Mütter und Großmütter - und manchmal auch ganz allein - endlose Feldwege entlanggelaufen sind, von einem Ort zum anderen, ohne jemals irgendwo anzukommen oder auch nur willkommen zu sein, war mir klar, dass diese Geschichten auch aufgeschrieben werden müssen. Trotz der Vielzahl schon existierender Veröffentlichungen zu diesem Thema.

Ich habe für sie eine Form gewählt, die ich noch aus meiner Jugendzeit von Maxie Wander kenne, und die ich selbst schon bei zwei Projekten angewendet habe: Dem Protokollbuch, einem Genre, das nicht sehr verbreitet ist. Zu meinem Vorgehen nur so viel: Nachdem die Erzählungen der Zeitzeugen mittels Diktiergerätes aufgezeichnet und transkribiert wurden, habe ich leichte Kürzungen und wenige stilistische Glättungen vorgenommen. In jedem Fall sollte der authentische Duktus des Erzählers erhalten bleiben. Das Ziel war keine stilistisch perfekte Erzählung. Natürlich haben die Zeitzeugen das Endprodukt zum Gegenlesen bekommen, um eventuelle sachliche Unrichtigkeiten benennen oder Ergänzungen vornehmen zu können. In manchen Fällen hatte die/der ZeitzeugIn sogar selbst schon Texte zum Thema geschrieben, aus denen ich ebenfalls noch Details ergänzen konnte. Wo Fotos vorhanden waren, habe ich einige zur besseren Dokumentation mit abgedruckt (nur in der Printausgabe). Die teilweise schlechte Qualität bitte ich zu entschuldigen; sie ist auf die unzulängliche Vorlage – manchmal nur ein winziges Foto – zurückzuführen. Gedichte und Zeichnungen vervollständigen den Begleitband.

Mir war es nicht möglich, den Wahrheitsgehalt in dem Erzählten zu überprüfen. Ich habe meinen Gesprächspartnern in dieser Hinsicht voll und ganz vertraut und unterstelle niemandem von ihnen irgendwelche Absichten, in welcher Richtung auch immer. Sachliche Überprüfungen von Orten und Ereignissen, soweit sie nachvollziehbar sind, habe ich vorgenommen.

In einem Nachwort habe ich noch einige Erläuterungen zum Thema zusammengetragen, mit Hilfe derer es vielleicht für weniger im Thema bewanderte LeserInnen leichter ist, sich der Thematik zu nähern. Ohnehin ist dieses Thema sehr vielschichtig und nicht einfach in seiner ganzen historischen Dimension zu verstehen.

Alle genannten Namen sind die Klarnamen (einmal ein Geburtsname) der Zeitzeugen. Zu manchen finden sich sogar Einträge bei Wikipedia.

An den Anfang dieses Buches habe ich einen Essay zu einem Künstler gestellt, den ich leider wegen seines Todes nicht mehr selbst interviewen konnte, den ich aber vor vielen Jahren persönlich kennenlernen durfte.

Das Gedicht von Erika Schirmer, das Sie am Beginn gelesen haben, hat mir die Schöpferin des berühmten DDR-Kinderliedes »Kleine weiße Friedenstaube« freundlicherweise zum Abdruck überlassen. Ihre Fluchtgeschichte werden Sie als erste in diesem Buch finden.

Nun bleibt mir nur noch, Ihnen zu wünschen, dass Sie das, was da auf den nächsten Seiten auf Sie zukommt, mit Gewinn lesen werden. Ein Vergnügen wird es mit Sicherheit nicht sein. Vielleicht ist aber der Gedanke hilfreich und tröstend, dass fast alle Menschen, die mir ihre Geschichte erzählt haben, inzwischen mit ihrem Schicksal versöhnt sind.

Cornelia Lotter
Leipzig, im Februar 2023

Die ewige Sehnsucht

Essay über den Maler Gerhard Wendenhorst, geboren 1922 in Bareischkehmen, Kreis Stallupönen, aufgewachsen in Wenzken, Kreis Angerburg
von Cornelia Lotter

Als ich Anfang der Achtziger zusammen mit meiner Mutter ihren ehemaligen Lehrer und Nachbarn Gerhard Wendenhorst in Weimar besuchte, ahnte ich noch nicht, dass ich Jahrzehnte später Menschen, die wie er am Kriegsende aus ihrer Heimat geflüchtet oder vertrieben worden waren, interviewen und einen Roman zum Thema schreiben würde.

Nun kam mir dieser Besuch wieder in den Sinn, weil mir zweierlei davon sehr gut in Erinnerung geblieben ist: Einmal die unglaublich schönen Zeichnungen und Aquarelle seiner masurischen Heimat und die Sehnsucht, die aus seinen Schilderungen eben dieser Heimat sprach.

Auch er hatte, wie ich, ein Lehrerstudium mit Fachrichtung Kunsterziehung absolviert; auch ich zeichnete und malte gern – meine Versuche in einem Satz mit seinen Meisterwerken zu nennen, ist fast schon eine Anmaßung.

Nun, da ich Gerhard Wendenhorst leider nicht mehr befragen kann über seine Erfahrungen und Erinnerungen, bleibt mit nur ein kleines Heft, in dem er eben diese, kostbaren Miniaturen gleich, hinterlassen hat. Unter dem Titel »Ich komme aus Zauberer-Gottes-Land« sind in einem weiteren Heft Abbildungen seiner Werke zu sehen. Zeichnungen, Aquarelle, Pastelle, Ölbilder. Aber auch Motive aus seiner neuen Heimat Weimar, wo er als Künstler Anerkennung in Form vieler Ausstellungen gefunden hat. Und Orte im Osten Deutschlands, die er sich malerisch vielleicht zur zweiten Heimat anempfunden hat: Rügen, der Thüringer Wald, Belvedere.

»Vergoldet leuchtet die Vergangenheit der Kindertage in die Gegenwart hinein und strahlt heller als damals.« Das steht als Motto ganz vorn auf der ersten Seite und drückt gleich ein Gefühl aus, das wir alle kennen: In der Erinnerung sind lieb gewesene und schmerzlich vermisste Dinge, Orte, Menschen oft durch einen beschönigenden Schimmer verbrämt.

Da ist die Fahrt auf dem Pferdeschlitten zur Mühle, die bei tiefwinterlichen Temperaturen die Kälte ins Gesicht beißen lässt. Und da ist das Heimkommen in die warme Stube, wo der mit Torf geheizte Ofen die Haut kribbeln lässt.

Da ist das Warten auf die Mutter, die mit der Kanne Milch holen geht, weil sie eine Klunkersuppe kochen will. Es ist Advent, und der kleine Gerhard sitzt allein am Tisch und macht seine Hausaufgaben, während draußen der Schnee fällt. Gefühle von Geborgensein, Träumereien eines Kindes angesichts des flackernden Scheins, der aus dem offenen Spalt der Herdtür auf die Holzdielen fällt, eines Kindes, das nicht weiß, was ihm in wenigen Jahren noch bevorstehen wird. Eines Kindes, das, wie alle Kinder, denkt, dass alles immer so bleiben wird.

Da ist die Dämmerstunde, in der die Großmutter in ihrem Korbsessel am Nähtischchen Platz nimmt, um ihre Handarbeiten anzufertigen, solange es der Schein der Lampe erlaubt. Auf der Ofenbank der Großvater, der dort nach getaner Arbeit sein Pfeifchen schmaucht. Gesprochen wird wenig während der Dämmerstunde. Es ist eine Zeit der Besinnung.

In Wendenhorsts Bildern kommen immer wieder die Kopfweiden vor. Seltsam traurige und bizarre Geschöpfe. Auch Wolken, tiefhängend und düster, als kündeten sie von dem bevorstehenden Unheil, türmen sich über lieblichen Landschaften, durchzogen von kleinen Seen und Bächen. Das Moor malte er, im Winter und zu allen Jahreszeiten. In Öl und Aquarell, in kleinen Skizzen und Studien, bannte Gerhard Wendenhorst die Landschaften seiner masurischen Heimat auf Papier, Leinwand und Holz, als wolle er so die flüchtige Erinnerung stets präsent halten.

Dörfliches, einfaches Leben, war es, das ihm die Erdung gegeben hatte: Die Sommerferien bei der Großmutter, wo er die zum Bleichen ausgelegte Wäsche mit Wasser besprengen musste. Das geheimnisvolle Auge des Brunnens. Das Gefühl unter den nackten Fußsohlen, wenn der Rasen feucht und kühl war.

Überhaupt: Erinnern an und mit allen Sinnen. Das Zirpen der Grillen, das Gackern der Hühner, das Bellen des Hofhundes und das Lärmen der Frösche. Der Geruch der Kartoffelfeuer im Herbst. Überfließende Pracht in den satten Farben des Sommers. Der Geschmack einfacher Gerichte.

Die Wandelbarkeit des Moores im Wechsel der Jahreszeiten. Wendenhorst schreibt: »Immer empfing uns das Moor anders: im Frühling einladend, im Sommer beglückend ermunternd, im Herbst Ruhe spendend, im Winter versöhnend.

Wer das Leben im Moor kennenlernen will, muss schweigen können, muss Augen haben und sehen können, muss ein Herz haben, das fühlen kann. Im Moor rücklings im Grase liegen und dann in das unendliche Blau schauen.«

Wendenhorst war nicht nur mit dem Stift und dem Pinsel ein Maler. Er war auch ein Maler mit Worten: ein Lautmaler.

Menschen waren ihm wichtig. Die Großmutter, aber auch der Großvater, der ihn mit auf den Spaziergängen durch seine Felder und die Natur nahm, immer mit der strengen Auflage, bloß den Mund zu halten. Überhaupt: die Bedeutung der Stille.

Aber auch die Geschichten, die sich Eltern und Kinder auf der Bank um die alte Linde erzählt haben, weitergegeben von Generation zu Generation, haben Wurzeln geschlagen. Und Wendenhorst selbst schreibt in seinem Büchlein: »Nach dem zweiten Weltkrieg habe ich die alte Linde 1978 und 1981 wiedergesehen, immer noch gewaltig. Aus der Krone waren einige Äste herausgebrochen – nicht aus Altersschwäche. Der Krieg hatte an ihr Spuren hinterlassen.«

Auch er war also zurückgekommen, sogar zwei Mal. So wie die meisten meiner Interviewpartner. Selbstversicherung. *War es wirklich so gewesen, wie ich mich erinnere? Wie sieht es heute aus? Steht mein Elternhaus noch und in welchem Zustand ist es? Wer wohnt heute darin?*

Überall dieselben Fragen. Ich weiß leider nicht, welche Antwort Gerhard Wendenhorst auf seine Fragen bekommen hat. Ich wusste damals noch nicht, dass mich das einmal interessieren würde.

Genauso wenig wie ich damals wusste, dass auch mir eine Flucht oder Vertreibung bevorstand. Je nachdem, wie man es sehen will. Denn genauso wie Gerhard Wendenhorst wusste ich nach meiner Übersiedlung in den westlichen Teil Deutschlands nicht, ob und wann ich meine Familie, mein Elternhaus und meine Freunde würde wiedersehen können. Die, die ihrem »Arbeiter- und Bauernstaat« den Rücken zugekehrt hatten, durften nicht mehr zurück. Vom »Mauerfall« war damals, 1984, noch nichts zu spüren.

Zwar empfing mich meine neue Heimat nicht mit Ruinen und Ablehnung, und auch die Schwaben gingen durchaus wohlwollend mit mir um, jedoch dauerte es viele Jahre, bis ich ein zweites Mal ein Heimatgefühl verspürte. Nach 31 Jahren in Tübingen zog es mich schließlich doch wieder in den Osten.

So verbindet uns – Gerhard Wendenhorst und mich - schließlich eine ganze Menge. Und ich möchte diesem

Künstler und seinem Werk – ich habe schließlich, im Gegensatz zu ihm, dem Wort den Vorzug gegeben – mit meinen obenstehenden Überlegungen ein kleines Denkmal setzen. Auch mir hat die Kunst geholfen, in der Fremde heimisch zu werden.

Zum Schluss noch ein Gedicht von Gerhard Wendenhorst, das ich dem Buch »Kindheitserinnerungen« entnommen habe.

Vertreibung

Die Ackererde steif und tief gefroren.
Die Wege gekrustet und gespurt
von den Rädern des Trecks.
Tief gespalten und aufgerissen
sind sie kaum begehbar.
Die Natur brauchte Ruhe,
wollte Stille.

Granatendonnerschläge hallen
weit über das Land.
Granateneinschläge zwischen
den Menschen, den Kreaturen.
Jammer und Angst bei Weib
und Kind.
Dann auch der Tod.

Der Schnee deckt nicht alles.
Die Toten finden keine Ruhestätte.
Sie finden kein Grab.

Schneedecken weht der Sturm
hinüber zum Waldrand.
Hier liegt der Schnee gehäuft.

Das Eis am See hält nicht.
Die Sonne scheint trügerisch.
Menschenkolonnen ziehen müden
und schleppenden Schritts aus dem Land.
Ziellos ist ihr Weg geworden
In den Augen Tränen …
Doch der Himmel weinte nicht.

Gerhard Wendenhorst

Masurische Landschaft

Aquarell

Erika Schirmer, geb. 1926 in Schlesisch-Nettkow, Schlesien

»Dass ich dann so eine enge Verbindung mit Polen bekam, das war ein großes Geschenk.«

Ich bin 1926 in Schlesisch-Nettkow an der Oder geboren, hatte noch eine sechs Jahre ältere Schwester und einen jüngeren Bruder. Wir lebten in einfachen Verhältnissen. Meine Mutter war Hausfrau, und mein Vater war Kunstschmied. Meine Eltern hatten ein kleines Haus gekauft; im Dezember 1944 hatten sie die letzte Hausrate gezahlt. Wir waren sehr froh und sehr sangesfreudig. Meine Mutter hat sehr viel gesungen, und ich hatte eine sehr glückliche Kindheit.

Wir haben vom Krieg nicht viel gemerkt. Dazu waren wir zu ländlich abgelegen. Wir haben zwar die Geschwader gehört und gesehen, die über uns weggeflogen sind, aber die flogen woanders hin und haben uns nicht weiter gestört.

Meine Eltern haben uns Kinder immer von dem Thema weggehalten, aber mein Vater hat jede Nacht Nachrichten gehört. Da durften wir Kinder nicht mehr in die Küche, da stand das kleine Radio, und da hat mein Vater das Kriegsgeschehen sehr aufmerksam verfolgt.

Mein Vater ist erst ganz zum Schluss des Krieges eingezogen worden und vier Wochen später mein Bruder mit fünfzehn Jahren und meine Schwester auch. Drei von unserer Familie waren also im Krieg. Ich war zu der Zeit in der Ausbildung zur Kindergärtnerin in Liegnitz, und meine Mutter war allein daheim.

Im Januar 45 war dann die große Fluchtwelle. Da wurde die Augusta-Viktoria-Schule, in der ich studierte und auch wohnte, geschlossen. Über Nacht wurden wir aufgefordert, unsere Sachen zu packen, und jeder musste heim. Im März hätten wir unser Examen dort gemacht.

Viele von uns, auch ich, mussten nun von Liegnitz aus nach Osten. Schlesisch-Nettkow war ungefähr hundertzwanzig Kilometer von dort. Ich schlug mich also durch, das war ganz schön gefährlich, zum Teil bin ich mit Militärtransportern gefahren. Meine Mutter war froh, dass ich kam. Und sie hoffte, dass die anderen auch kämen. Sie war so fest überzeugt, dass meine Geschwister und mein Vater auch kommen.

Doch dann kam diese furchtbare Nacht: Die Glocken läuteten, und wir mussten raus, und da wurde gesagt: »Ganz schnell packen, es kommt nochmal ein Zug, der nimmt uns mit.« Da hat Mutter zwei Koffer gepackt, der eine war für Lebensmittel gedacht und der andere für Klamotten für meinen Vater und meinen Bruder. Wenn wir die treffen sollten, damit die ihre Uniformen ausziehen und Zivilsachen anziehen konnten. Wir sind also in der Nacht zum Bahnhof, da standen aber schon ganz viele Menschen, und wir warteten da nun auf den Zug. Es war eine ganz eiskalte Nacht.

Und dann kam der Zug, der wurde mit Braunkohle beheizt. Durch das Heizen waren überall in der Luft kleine Sternchen, das war ganz grausig. Der Zug war voll bis zum Letzten, wir konnten kaum noch stehen, das viele Gepäck. Manche hatten ja unendlich viel Gepäck, Betten sogar.

Wir haben uns immer gefragt: »Wozu? Wir kommen ja doch eines Tages wieder. Vielleicht ein paar Tage, und dann sind wir ja wieder daheim.« Das war ein Irrtum. Wir sind dann abgefahren, noch unter dem wahnsinnigen Getöse, weil die Oderbrücke gesprengt wurde, und da sind wir über eine Woche quer durch Deutschland geschoben worden. In Jüterbog, und wo wir alles waren. Nach zehn Tagen wurden wir im Eichsfeld ausgeladen. Da waren wir hier in Thüringen angekommen.

Und da saßen wir in Arenshausen auf dem Bahnhof, neben uns die Leute, die ebenfalls dableiben sollten, die hatten Berge von Gepäck dabei, das war Wahnsinn. Mutter und ich, wir hatten nur den einen Koffer, der andere war leer, die Lebensmittel hatten wir zum Teil noch verschenkt.

Wir waren dafür vorgesehen, die geflüchteten Polen zu ersetzen. Auf einem der Rittergüter vom Hanstein - Burg Hanstein ist ja bekannt – sollten wir arbeiten. Die Familie des Majors von Hanstein, die besaß drei riesige Rittergüter: Oberstein, Unterstein und Werleshausen. Und wir wurden also nach Unterstein gebracht.

Mutter und ich, wir haben dann so ein kleines Kämmerchen bekommen, war jämmerlich, aber wir haben ganz fest damit gerechnet, wir kommen wieder nach Hause. Wir haben auch gar nicht gemeutert oder gemeckert, wir haben es geduldig angenommen und gedacht, Hauptsache, die Familie käme wieder zusammen.

Mutter hat immer wieder gewartet, sie hat sich ans Rote Kreuz gewandt, die hat da überall mitgeteilt, wo wir sind und hatte dann ja auch Erfolg. Mein Bruder hat uns dann ja auch gefunden. Auch mein Vater, der in der französischen Gefangenschaft war. Günter war bei der Waffen-SS gelandet, als Fünfzehnjähriger! Die sollten den Oderwall bauen. Gottseidank hat das nicht lang gedauert, im September kam er dann zu uns zurück.

Mutter hat dann bald angefangen zu arbeiten. Ich nicht. Ich wollte heim. Ich hatte das Gefühl, wenn wir hier anfangen zu arbeiten, dann bleiben wir hier auch. Ich war auch irgendwie zornig und wütend. Mutter war vielleicht genauso bedrückt, aber die war tapferer als ich. Und die hat dann auch Kartoffeln gebracht, eine Flasche Milch, und so haben wir die Zeit dann überstanden.

Im April haben wir dann erlebt, dass die Gefangenen aus den aufgelösten Lagern an unserem Haus vorbeigetrieben worden sind. Die wurden durch das Steinetal bis nach Heiligenstadt getrieben. Die SS hat sie eskortiert. Wir wohnten unterm Dach, Mutter und ich, da konnten wir durch die Dachluken das Ganze beobachten. Das war schlimm. Nächtelang wurden diese Menschenmassen da durchgetrieben. Bis dahin hatte ich ja gar nichts von den Lagern gewusst. Da hatten wir nur Angst. Die SS-Leute klopften auch an die Türen, wahrscheinlich weil sie dort versteckte Häftlinge vermuteten. Meine Mutter ging dann an die Tür und hat die SS-Leute angeschrien: »Gebt mir meinen Sohn wieder!« Hinterher hat sie immer geweint. Ich hab sie immer angefleht, doch still zu sein, aber sie war nicht still.

Und im September kam mein Bruder endlich. In der Gegend, wo wir waren, waren viele Schlesier. Und auch aus unserem Heimatdorf waren viele, und wir kamen dann immer mal zusammen. Und alle hatten die Gewissheit, dass wir wieder nach Hause kommen. Und weil sich nichts tat, wurde beschlossen, es muss eine kleine Delegation nach Schlesien, muss sich durchkämpfen und gucken, was los ist. Die anderen haben sich alle gefürchtet, keiner hat sich gemeldet, und ich weiß nicht, waren wir naiv oder mutig, jedenfalls haben wir gesagt: »Wir machen das.«

Da hat Mutter einen Rucksack gepackt, und ich weiß noch, sie hat wahnsinnig geweint. Mein Bruder hatte sich die Orte alle aufgeschrieben, die wir passieren mussten, bis wir zu Hause waren, und dann sind wir ganz mutig los mit dem Rucksack.

Die erste Strecke, das ging ja auch immer noch. Da haben wir immer mal einen Zug erwischt, sind viel gelaufen. Dann kamen wir nach Torgau und an die Mulde, und das war dann schon immer ganz schön gefährlich.

Und dann kam dazu: Wir hatten nichts mehr zu essen. Wir hatten beide nur noch Hunger.

An der Mulde, da waren Russen. Die haben uns ein großes Brot gegeben. Da hatten wir dann eine ganze Zeitlang was zu essen.

Aber kurz und gut: Wir haben es geschafft. Wir sind nach Cottbus gekommen, und da war ein Menschenlager, alles Leute, die nach Schlesien wollten. Die wollten alle wieder nach Hause. Wir waren nun da mittendrin und warteten auf einen Zug. Gerüchte wurden da gestreut, und jeder wartete auf neue Nachrichten. Und wir haben uns immer dort angeschlossen, wo Bewegung war. Da sind wir dann mit. Und da bekamen wir bei den Leuten auch ab und zu mal ein bisschen was zu essen.

Und in Cottbus kam dann endlich ein Zug, und da hieß es: Der fährt über die Neiße. Und da geht's über die Neißebrücke nach Schlesien. Da waren wir erleichtert, dass wir das geschafft hatten.

Und ich weiß noch, da war ein Junge, vielleicht zwölf Jahre, eine rote Mütze hatte er auf, und der hatte seinen kleinen Bruder auf dem Rücken. Und rechts und links hatte er Taschen. Also der hatte mächtig zu tun. Und der Kleine klammerte sich ganz fest an seinen Rücken. Und ich war richtig froh, als dann der Zug kam und die beiden stiegen mit uns ein. Ich hatte immer ein Auge auf sie.

Als wir über die Neiße waren, hielt der Zug, und dann wurden wir von Polen rausgeprügelt. Da mussten wir uns alle hinlegen, das war ganz schlimm. Aber wir haben immer noch gehofft, dass es irgendwie doch noch weitergeht. Es ging nicht weiter.

Wir mussten uns in einen Marschblock aufstellen und sind ins nächste Dorf gewandert, begleitet von polnischen Soldaten. Dort angekommen, mussten wir uns wieder hinlegen und es wurde eine Rede gehalten in gebrochenem Deutsch.

Die ganze Situation war sehr gespenstisch. Und der Offizier, der die Rede hielt, hatte einen großen Hund dabei und hat uns klargemacht, wir seien deutsche Schweine und müssten jetzt arbeiten.

Wir wurden aufs Feld getrieben und mussten Kartoffeln ausbuddeln. Von früh bis abends. Sie hatten meinen Bruder und mich getrennt. Ich war bei einer Gruppe von Frauen, mein Bruder musste woanders arbeiten. Bei uns war eine ältere Dame dabei, die mir immer sehr geholfen hat. Die war für mich fast wie eine Mutter. Geschlafen haben wir in den Häusern, die von den Deutschen verlassen worden waren. Zum Essen gab es nur Kartoffeln. Manchmal ein kleines Stück Brot, das aber schon verschimmelt war.

Und so sind die Tage hingegangen, aber nach Hause sind wir nicht gekommen. Nach drei Wochen ungefähr hieß es auf einmal: Wir müssen wieder zurück. Da wurde wieder eine Marschkolonne gebildet, da gabs viel Schläge. Die haben auf uns reingedroschen und geprügelt.

Da sind wir mit dem Zug wieder über die Neiße gefahren und mussten dann dort auf dem Bahnhof warten. Da haben wir zwei Nächte in Cottbus auf dem Bahnhof gesessen. Das war grauenvoll. Diese Schreie. Da wurden so viele Frauen vergewaltigt und verprügelt. Ich hatte Glück. Günter und ich haben uns immer aneinandergeklammert und in dunklen Ecken versteckt.

Der nächste Zug, in den wir auch eingestiegen sind, fuhr dann nach Senftenberg. Wir saßen im Bremserhäuschen. Mein Bruder zuerst, dann hat er mich hochgezogen. Auf einmal blieb der Zug stehen. Wir haben uns erkundigt, was los ist, da war die Lokomotive weg.

Da sagte mein Bruder: »Wir laufen! Irgendwie werden wir schon heimkommen.« Günter hatte so eine Persenning, und wenn es regnete, haben wir die über uns gestülpt. Da sind wir also gewandert und auch mal mit dem Zug oder einem

Lastwagen ein Stück gefahren. Schließlich kamen wir nach Borna. Ende Oktober waren wir dann zurück in Thüringen.

Mein Vater kam dann Ende 45 sehr krank aus der französischen Gefangenschaft in Remagen. Von meiner Schwester haben wir auch Nachricht bekommen. Die war in München gelandet. Die war als Flakhelferin in der Tschechoslowakei und ist von da bei Kriegsende gleich rüber nach München. Dort hat sie dann in einer Schuhfabrik Arbeit gehabt.

Uns hat mein Vater nichts vom Krieg erzählt, aber mit meiner Mutter hat er viel gesprochen.

Die Einheimischen waren generell sehr abwartend. Die haben uns immer noch als Polacken bezeichnet. Weil meine Mutter aber so freundlich und willig war, hat man uns dann mit der Zeit auch besser behandelt.

Weil ich im Eichsfeld keine Arbeit bekommen habe, denn die Eichsfelder Bevölkerung ist katholisch und ich war evangelisch, konnte ich dort nicht bleiben. Da habe ich erfahren, dass in Wiek auf der Insel Rügen ein Kinderheim eröffnet wurde. Da habe ich mich beworben und wurde angenommen.

Etwa 2002 bin ich dann mit meiner Tochter – mein Mann war schon tot – nach Grünberg, das war die Kreisstadt, gefahren. Da hatte mein Bruder eine Verbindung aufgebaut, der war eigentlich immer noch mehr daran interessiert, mit der Heimat verbunden zu bleiben. Ich hatte dann meine Arbeit. Ich habe gelernt: Heimat gibt's nicht mehr. Da habe ich mich auch wirklich abgeschottet, ich wollte gar nicht mehr daran denken. Ich hatte auch mit meinem Leben zu tun, dass ich Fuß fasste und zurechtkam. Es war ja nicht leicht. Aber Günter, der hat eine ganz enge Verbindung zu Grünberg aufgebaut. Er hatte dort mit vierzehn Jahren eine Lehre angefangen bei der Firma Beuchelt & Co., eine Maschinenfirma. Und er wollte da unbedingt wieder hin. Das war sein Wunsch.

Ich hatte in der Zeit schon angefangen, meine Gedichte zu schreiben, die wurden auch gedruckt, das war auch sehr schön, und eines Tages sagte Günter: »Schreib mir doch mal ein Gedicht über Schlesien!« Und das fiel mir nicht schwer. Da hab ich dann über Grünberg geschrieben. Und das hat er hingeschickt, und es wurde gedruckt. Da war er ganz glücklich, und ich habe mich auch gefreut. Und das war eigentlich der Anlass, dass ich eine eigene Verbindung zu Polen aufgebaut habe. Man bedankte sich dann für das Gedicht, und ich sollte noch mehr einschicken. Und ich hatte einen Scherenschnitt drunter geklebt. Und da haben sie mich gefragt, ob ich noch mehr solche Sachen hätte. Ja, ich hatte noch mehr, und das habe ich dann auch hingeschickt. Und das ist an der Universität in Grünberg ganz wunderbar aufgenommen worden. Und die Direktorin hat dann die erste Ausstellung organisiert. Und da bin ich dann mit meiner Tochter und meinem Schwiegersohn das erste Mal nach Polen gefahren. Dort habe ich die Ausstellung eröffnet, und das war so ein wunderbares Erlebnis, da habe ich erst wieder angefangen, an die alte Heimat zu denken.

Dann wurde ich gefragt, die Landsmannschaft der Schlesier bauen den Bund der Vertriebenen auf, ob ich da mitmachen wolle. Da war ich dann auch viele Jahre im Vorstand. Da ist dann mehr und mehr der Wunsch entstanden, ich möchte das, was ich da erlebt habe, wieder aufleben lassen. Da hab ich dann auch viel geschrieben, meine Veranstaltungen gemacht, und in Polen liefen meine Ausstellungen fleißig weiter. Ich bin dann wieder eingeladen worden, es wurde mein Lied gesungen, und dann hat man mich damit überrascht, dass man mich zur Ehrenbürgerin ernannt hat.

Damit hatte ich nun gar nicht gerechnet. Wir kamen dann zurück ins Rathaus, und der Bürgermeister mit seiner goldenen Kette, ein Frauenchor und ein Kinderchor hat gesungen, die sangen Polnisch und Deutsch, das war so wunderschön.

Damals habe ich angefangen, ein Buch zu schreiben, »Und die Oder fließt noch immer«. Daraufhin bekam ich dann viele Auszeichnungen.

Ich war insgesamt drei Mal in Schlesien. Ich hab auch vor meinem Elternhaus gestanden, bin aber nicht reingegangen. Die neuen Bewohner hatten das Haus schön gestrichen.

Ich bin nach wie vor in meinen Gedanken in Schlesien, nachdem ich das für mich selber aufgearbeitet hatte. Die Jahre davor war ich innerlich verbittert. Man hat mir meine Heimat genommen, und das ist sicherlich ganz verständlich. Aber dass ich dann so eine enge Verbindung mit Polen bekam, das war ein großes Geschenk. Da habe ich erstmal gemerkt: Viele Polen, die dort leben, die sind ja ebenfalls Flüchtlinge gewesen.

Ich hatte dann ein wunderbares Erlebnis, das war etwa 2014, da habe ich mit einer Reisegruppe eine Reise gebucht nach Bad Flinsberg, im Riesengebirge. In diesen drei Wochen habe ich sehr viel für mich selber aufgearbeitet. Ich bin da sehr viel rumgelaufen, und hab mir das alles angeguckt, wie da die Polen dort arbeiteten, um das wieder schön zu machen, was zerstört gewesen war. Dort habe ich auch mit einem polnischen Ehepaar geredet, die selbst geflohen waren, und das ist mir sehr nahegegangen, mit diesen Menschen persönlich zu reden und zu wissen, die waren ja genau wie ich: Flüchtlinge. Schuldlos in diese Sache hineingekommen. Das hat mir sehr zu denken gegeben. Das hat mich eigentlich auch geformt.

Ich habe keinen Hass auf Polen. Gar nicht. Ich freue mich darüber, wenn die aufbauen. Schlesien war ein reiches Land. Ein wunderschönes, reiches Land. Die haben wieder alles in Ordnung gebracht, und das ist eigentlich gut so. Ich kenn da keinen Hass. Und ich hab mein Leben hier aufgebaut und bin auch zufrieden. Ist auch gut gelaufen, mit allen Höhen und Tiefen.

Exkurs »Kleine weiße Friedenstaube«

1948 habe ich hier in Thüringen, in Salza bei Nordhausen, einen neuen Kindergarten bekommen. Da war ich eigentlich ziemlich niedergeschlagen. Diese zerstörte Stadt! Nordhausen war ja zu 85 Prozent zerstört. Ich hatte tagaus, tagein diese Trümmer vor den Augen. Die Straßenbahnschienen ragten hoch in die Luft, ich wollte da nicht bleiben.

Und da hab ich angefangen, neue Bewerbungen zu schreiben, weil ich wegwollte. Obwohl der Kindergarten sehr schön war, und die Kinder waren ganz große Klasse. Ich hab da gern gearbeitet. Aber bleiben wollte ich nicht. Und da bekam ich tatsächlich eine Zusage aus Itzehoe. Das war ziemlich weit weg, aber es war mir egal.

Aber wie das Schicksal so will, es kam anders. In der Zwischenzeit war eine FDJ-Gruppe gegründet worden, und da war ein großer Chor dabei. Und der war recht berühmt. Die Jungs und Mädchen sind da überall rumgefahren und haben gesungen und haben Aufbauarbeit geleistet. Eines Tages kam ein junger Mann zu mir und sagte: »Hör mal zu! Du spielst doch Akkordeon. Kannst du nicht bei uns im Chor mitmachen?«

Ich hab gesagt: »Das kann ich gerne machen, aber in eure FDJ trete ich nicht ein.« Weil ich ja wegwollte. Und da bin ich hin zu den Veranstaltungen, habe Akkordeon gespielt, und da lernte ich einen jungen Mann kennen, den hab ich dann später geheiratet. Und so bin ich dageblieben.

In der Phase, wo ich wegwollte, weil mich die immer noch rauchenden Trümmer so belastet haben, war ich unterwegs, das muss so im März/April 1949 gewesen sein, und da sah ich an so einem vernagelten Trümmergrundstück ein Plakat: Die Friedenstaube von Picasso.

Der Gedanke, der mir da als Erstes kam: »Da sitzt du nun, flieg doch los! Und bring doch den Menschen Frieden!«

Ich hab mir das noch eine Weile angeguckt, und unterwegs, da kam mir der Text in den Sinn, und das war die erste Strophe: »Du sollst fliegen, Friedenstaube! Allen sag es hier, dass nie wieder Krieg wir wollen. Frieden wollen wir.«

Und da bin ich weitermarschiert und habe das auf einmal vor mich hin gesungen und bin dann in meinen Kindergarten gekommen und hab das denen vorgesungen. Zu der Zeit hatte ich acht junge Mädchen in der Ausbildung, eine Art Studenten, und die waren so begeistert. Da habe ich gesagt: »Ein Vers ist zu wenig.« Und dann hab ich erst noch die anderen Verse dazu geschrieben. Und der Ursprungsvers ist dann zur zweiten Strophe geworden. So ist das entstanden.

Die Mädchen waren immer nur acht Wochen da, dann kamen neue, die haben das Lied mitgenommen. Ich hab mich nicht mehr drum gekümmert. 1951 kam dann ein Brief von meinem Verlag *Volk und Erziehung*, bei dem ich schon einige Lieder veröffentlicht hatte, ich möchte doch bitte die Noten schicken. Aber ich hatte ja gar keine. Ich hab mir das ja alles selber angeeignet, das Komponieren. Da hab ich dann also die Noten aufgeschrieben und eingeschickt, und es wurde sofort gedruckt. Und von da ab ist es halt verbreitet worden.

Was mich auch immer wieder innerlich berührt, wenn ältere Leute sagen: »Das Lied hat mich mein ganzes Leben begleitet.«

Text:

Kleine weiße Friedenstaube, fliege übers Land; allen Menschen, groß und kleinen, bist du wohlbekannt.

Du sollst fliegen, Friedenstaube, allen sag es hier, dass nie wieder Krieg wir wollen, Frieden wollen wir.

Fliege übers große Wasser, über Berg und Tal; bringe allen Menschen Frieden, grüß sie tausendmal.

Und wir wünschen für die Reise Freude und viel Glück; kleine weiße Friedenstaube, komm recht bald zurück.

Erika Schirmer
Reise in die fremde Heimat

Die Heimat wollte ich wiedersehn,
bin lange und weit gefahren.
Im Herzen die schmerzhafte Unsicherheit,
wie ich sie verspürte seit Jahren,
als Mutter und ich zum letzten Mal
vor unserem Hause standen.
Wir glaubten an Heimkehr und wussten nicht,
dass wir für immer verschwanden.

Dann gehe ich klopfenden Herzens den Weg,
den ich unzähl'ge Male gegangen.
Da steht unser Haus. Doch dann bin ich blind,
weil mir Tränen ins Auge drangen.
Das schützende Dach meiner Kinderzeit,
es will mich nicht wieder erkennen.
Verschwunden die Linde, die Hecke, der Zaun.
Ich kann meinen Schmerz nicht benennen.

Es ist alles fremd, so als sagte man mir:
»Geh' doch, was willst du erkunden?
Du gehörst nicht mehr her, hier haben längst
andere Menschen die Heimat gefunden.«
Dann sehe ich ein Altfrauengesicht
versteckt hinter Fensterscheiben;
misstrauisch, abwartend, fragend der Blick,
da kann ich nicht länger bleiben.

Ich wende mich ab, lass die Häuser zurück,
wandre stumm durch die Wiesen und Wälder,
bis mich wie ein Mantel die Ruhe umfängt
der rauschenden Oderwälder.
Und endlich! Nachdem ich den Oderdeich
Erwartungsvoll und rasch erklommen,
fließt kraftvoll – bedächtig, wie eh und je
der Strom. Ich bin heimgekommen.

Sigrid Bosse, geb. 1942 in Preußisch Eylau, Ostpreußen

»Ich träume oft von Zuhause. Dafür hab ich dann am Tag Ruhe.«

Ich habe heute Nacht von Ostpreußen geträumt. Was, weiß ich aber nicht mehr.

Wir lebten in einem kleinen Ort in der Nähe von Preußisch Eylau. Dort hatten wir nur ein Zimmer. Und da standen zwei Betten drin. In dem einen Bett schliefen meine beiden Schwestern, und in dem andern Bett schlief meine Mutter mit mir. Meine Schwestern sind beide älter als ich, meine große Schwester ist acht Jahre älter als ich.

Mein Vater war im Krieg. Ich habe ihn ein einziges Mal gesehen. Das tut mir sehr weh. Denn der war so lustig, ich habe so schöne Erinnerungen an ihn. Als er damals zu Besuch war, hat er mich in die Luft geschmissen, mit mir geschäkert, wie es eben Männer so machen mit Kindern. Und dann musste er wieder weg, und ich habe ihn nie wieder gesehen.

Eigentlich war meine Mutti immer zuerst munter. An einem Morgen werde ich munter, und meine Mutti liegt mit geschlossenen Augen neben mir und rührt sich nicht. Da hab ich sie an die Nase gefasst, hab die Augenlider hochgezogen, hab sie geschüttelt. Und dann habe ich meine große Schwester Margarete gerufen. Die wusste sofort, was los war. Sie hat mich rausgeschickt. Die Mutti wurde sofort von dem Dienst in Ostpreußen geholt, die wurde eingewickelt in Betttücher, und dann lag sie bestimmt zwei Wochen bei uns im Hausflur. Das war damals so üblich. Das war im Herbst 1944.

Ab dann hat sich meine zehnjährige ältere Schwester um uns gekümmert. Wir haben Brennnesseln gesucht und davon Spinat gekocht. Als auf dem Gut in der Nähe die Kartoffeln angefahren wurden, hat mich meine Schwester mit einem kleinen Eimerchen und einer Schaufel dorthin geschickt und mir aufgetragen, dass ich so tun soll, als ob ich spiele und immer abwechselnd Kartoffeln und Sand in den Eimer reintun soll.

Irgendwann mussten wir dann weg. Manche sind mit Pferdefuhrwerken oder Autos gefahren, wir mussten aber laufen. Richtung Süden.

Auf dem Marsch, der für mich und meine Schwestern sehr schwierig war, weil meine Beine immer so wehgetan haben, haben uns dann Soldaten der Roten Armee geholfen. Mit Nahrung und auch sonst. Die haben uns auf dem ganzen Marsch begleitet.

Als wir dann über die Grenze von Ostpreußen nach Polen gekommen sind, ist meine zweite Schwester verlorengegangen.

Später haben wir das Rote Kreuz beauftragt mit einer Suchmeldung nach meiner Schwester. Aber vergeblich. Wir haben sie nie wieder gesehen.

Wir waren dann in Polen untergebracht, in einer Art Kinderheim, wo deutsche Schwestern und Ärzte gearbeitet haben, und die haben uns betreut. Ich war ja mit meiner großen Schwester allein.

Irgendwann sind wir mit dem Roten Kreuz nach Ruhla bei Eisenach gebracht worden. In ein Kinderheim. Dort habe ich mich schnell eingelebt, aber meiner Schwester, die ja älter war, ist es sehr schwergefallen. Da war der Krieg aber zu Ende.

Wir haben nach dem Krieg über das Rote Kreuz mehrmals versucht herauszufinden, was mit meinem Vater ist. Ob er noch lebt oder in einem Gefangenenlager ist. Aber wir haben nichts herausfinden können.

Später ist dann ein Ehepaar aus Jena in dieses Heim gekommen, die mich zu sich nehmen wollten. Adoptieren durften sie niemanden mehr, weil es mit ihrem ersten adoptierten Kind Schwierigkeiten gegeben hatte. Ich habe aber gesagt: Nur, wenn meine Schwester mitkommt. Meine Stiefmutter war eigentlich nicht bösartig, aber sehr jähzornig, so dass sie mich bei der kleinsten Verfehlung gehauen hat. Meine Schwester durfte nicht mit zu dieser Pflegemutter, aber sie wurde von der Mutter meiner Pflegemutter aufgenommen. Die konnten sie auch ganz gut gebrauchen, weil sie mittlerweile alt genug war, um die Autos des Taxiunternehmens zu putzen und auch die Wohnung in Schuss zu halten. Aber der Vorteil war, dass sie nicht weit weg wohnten, so dass ich jederzeit zu meiner Schwester konnte. In Jena bin ich auch eingeschult worden.

Als ich in der 2. Klasse war, hat mich das Jugendamt aus der Schule geholt und mich wieder ins Heim, diesmal nach Weimar, gebracht. Warum, weiß ich nicht. Leider konnte ich dann meine Schwester nicht mehr so oft sehen. Später habe ich dann meine Pflegemutter noch einmal besucht, und das war eine sehr tränenreiche Begegnung auf beiden Seiten.

Im Kinderheim in Weimar hat es mir sehr gut gefallen. Durch die vielfältigen künstlerischen Möglichkeiten zur Entfaltung bin ich von den Gedanken an meine Kindheit abgelenkt worden und war deshalb ein fröhliches Kind.

Lange Zeit habe ich überhaupt nicht an Ostpreußen gedacht. Erst als ich verheiratet war und schon Kinder hatte, fing das an. Erinnerungen waren da nicht mehr, weil ich damals halt noch ziemlich klein war. Aber ich wollte wissen, wo ich herkomme. Dass ich nichts wusste – von meinen Eltern nichts, von meiner zweiten Schwester nichts, von dem Ort nichts - das war wie ein Schmerz. Mit der Zeit wurde ich immer unruhiger. Ich hatte das Gefühl, dass ich unbedingt noch einmal in meine Heimat fahren muss. Um abzuschließen.

Und da bin ich schon vor der Wende mit meinem Mann und meiner Schwester mit dem Bus dorthin gefahren. Erst war das nicht möglich, aber dann später, kurz vor der Wende war das nicht mehr so engstirnig. Dieser erste Besuch hat mich nicht so aufgewühlt. Aber meine Schwester sehr.

Irgendwann nach der Jahrtausendwende habe ich zusammen mit meinem Mann und meiner Schwester wieder eine Busreise nach Königsberg gebucht. In dem Bus saßen alles alte Menschen, älter als wir. Der Busfahrer sagte dann irgendwann: »Ihr wollt euch doch nicht Königsberg angucken, seid ehrlich! Ihr wollt doch dorthin, wo ihr hergekommen seid.« Alle haben genickt.

Wir sind dann wieder in das Dorf, in dem wir gewohnt haben. Doch unser Haus gab es nicht mehr. Bei der ersten Reise hat es noch gestanden. Meine Schwester hat wieder sehr gelitten, eigentlich mehr als beim ersten Mal. Da hatte ich ein bisschen Schuldgefühle, weil ich sie zu dieser Reise mitgenommen hatte. Immer, wenn ich sie was gefragt habe, hat sie bitterlich geweint.

Das Schlimmste war der Friedhof. Wir standen am Grab meiner Mutter. Aber den Grabstein gabs gar nicht mehr. Da lagen lauter Franzosen in den Gräbern. Fast überall auf dem Friedhof. Neben uns standen auch welche, die sich auf Französisch unterhalten haben. Damals, vor der Wende, als wir das erste Mal dort waren, gabs den Grabstein noch.

Für mich war diese zweite Reise ein Abschluss. Es kommt immer mal wieder hoch, aber nicht mehr so stark wie vor dem Besuch.

Wenn ich heute die Nachrichten sehe und die Flüchtlingsströme aus der Ukraine, dann werde ich immer wieder an mein eigenes Flüchtlingsschicksal erinnert. Dann muss ich mir etwas Leichteres hernehmen, damit ich nicht so sehr daran denken muss.

Ursel Schmidt, geb. 1933 in Seifersdorf, Schlesien

»Verliere nie deine Menschlichkeit, Kind!«

Ich bin am 31.3.33 in Seifersdorf, Kreis Liegnitz, geboren. Mein Vater war bei der Bahn, meine Mutter war Hausfrau, und ich war die Jüngste von fünf Mädchen. Und dann wurde mein Vater nach Penzig versetzt, das ist bei Görlitz. Dort hat er drei Jahre auf dem Stellwerk gearbeitet. Wir sind natürlich mitgegangen.

Meine große Schwester, die war damals 15 oder 16, war in Dresden in Stellung, das war damals so üblich. Ich war damals erst drei Jahre, meine zweitälteste Schwester Ilse und Herta und Traute sind dort in die Schule gegangen. Und Ilse hat immer noch bei einem Zahnarzt auf ein Kind aufgepasst, die war damals schon 14.

Dann sind wir wieder zurück. Und da hatte die Bahn in Jeschkendorf ein Vierfamilienhaus gebaut für ihre Beschäftigten. Dort in dem Haus haben wir eine schöne Wohnung gekriegt, mit Bad, das hatten damals noch nicht viele. Küche, Bad, Wohnzimmer, Schlafzimmer.

Ich bin dann in Seifersdorf in die Schule gekommen, in Jeschkendorf haben wir gewohnt. Das war etwa 2 Kilometer entfernt, das musste ich immer laufen. Ich hatte viele Freunde, darunter auch ein polnisches Mädchen. Sie war 4 und ich war 10. Die Polen mussten an ihrer Kleidung ein P tragen, nach Kriegsbeginn. Die Eltern meiner Freundin waren bei einem Großbauern als Magd und Knecht beschäftigt.

Im Dorf lebten viele Polen, der Gutsbesitzer Zachau beschäftigte polnische Arbeiter. Zachau stammte aus Weimar und hatte auch hier in Stedten ein Gut, weshalb wir dann hier gelandet sind.

Ich war bis zur 4. Klasse in Seifersdorf und ab der 5. Klasse bin ich dann in die Hauptschule in Liegnitz gekommen. Da bin ich jeden Tag mit dem Zug gefahren.

Ich war auch im Jungmädelbund. Da hatte ich eine weiße Bluse, ein schwarzes Röckchen und ein geknotetes schwarzes Tuch. An irgendwelche Treffen oder Veranstaltungen kann ich mich aber nicht erinnern.

Als ich in Liegnitz in die Schule gegangen bin, bin ich immer zum Bäcker und hab mir ein Brötchen geholt. Und da war ein Jude mit Stern beim Bäcker, die durften nur in bestimmten Geschäften einkaufen. Das war ein alter Mann mit langen weißen Haaren, der die schwere Tasche getragen hat. Und da hab ich gesagt: »Ich trag Ihnen Ihre Tasche. Mein Zug geht noch nicht, ich hab noch Zeit.« Und da hat die Bäckersfrau gesagt: »Mädel, mach das nicht!« Und ich frag: »Warum denn nicht? Ich hab noch Zeit.« Und da hat der Mann gesagt: »Ne, mach das nicht!« Und ich hab gesagt: »Doch, Sie laufen sowieso schon so krumm, ich trag Ihre Tasche heim. Haben Sie es weit?« Er sagte: »Na ja, ein ganz schönes Stück.«

Und ich habe also die Tasche genommen, ich war ja damals auch schon ganz kräftig, und da kamen uns drei Hitlerjungen entgegen. Die haben den Juden beschimpft. Da habe ich gesagt: »Haltet eure Schnauzen und haut ab!« Und die hatten direkt Schiss vor mir und sind abgehauen. Da war ich so etwa elf Jahre alt.

Dann hab ich den Mann nach Hause begleitet und drei Tage später – ich könnte heute noch heulen, wenn ich daran denke – habe ich ihn zusammen mit anderen Juden auf einem LKW gesehen. Da bin ich hinter dem LKW hergerannt und habe gerufen: »Wo wollen Sie denn hin?« Wir haben beide geheult. Und er hat runtergerufen: »Verliere nie deine

Menschlichkeit, Kind!« Ich seh den immer noch da auf dem LKW stehen.

Mein Vater ist erst spät eingezogen worden, 1943 oder so. Er war in Griechenland. Wir haben auch immer von meinem Vater aus Griechenland Post gekriegt. Er hat geschrieben, dass es ihm gut geht, aber da unten war ja auch kein Krieg.

Mein Vater war bei der Bahn, der hatte so ein E auf den Schulterklappen. Mein Vater hat eine große Auszeichnung bekommen, dafür, dass er einen Lazarettzug, der mit verwundeten italienischen und deutschen Soldaten kam, angehalten hat, weil die Partisanen die Gleise gesprengt hatten. Er ist mit der Laterne dem Zug entgegengelaufen, sonst wären die in eine Schlucht gestürzt. Wegen der Auszeichnung hat er später nach dem Krieg Probleme gekriegt, weil die Deutschen dachten, dass er ein strammer Nazi gewesen war und dass er die Auszeichnung gekriegt hat, weil er Menschen getötet hat. Deshalb hat er bei der Bahn keinen Posten mehr bekommen und musste als Hilfsarbeiter bei der Zeitung arbeiten.

Am 28. Januar 1945 hieß es, wir müssten unsere Heimat verlassen, die Front rückt immer näher. Man hörte auch schon den Kanonendonner. Und da war meine Schwester Ilse schon verheiratet und schwanger. Ihr Mann war Matrose bei der Marine. Der war zu der Zeit gerade auf Urlaub bei uns. Meine Mutter wollte gerade mal Wäsche zum Wechseln mitnehmen. Sie hat gesagt: »In vierzehn Tagen sind wir wieder zu Hause.«

Mein Schwager hat aber gesagt: »Packt euch genug warme Klamotten ein! Ich glaube nicht, dass ihr in vierzehn Tagen wieder zu Hause seid.« Da haben wir noch Karnickelbraten und schlesische Klöße gegessen, sie hat noch aufgewaschen und die Wohnung in Ordnung gebracht. Mein Schwager hat gesagt: »Nehmt Betten mit!« Aber meine Mutter hat gesagt:

»Wir nehmen wohl Betten mit? Wir sind doch bald wieder da.«

Bevor wir weg sind, kam noch eine Kolonne mit Häftlingen aus einem KZ in der Nähe durch unser Dorf. Ich sehe die verhungerten Gestalten heute noch. Die haben uns so leidgetan. Da ist meine Mutter noch rausgegangen und hat den Männern was zu trinken hingebracht.

Einen Polen hat meine Mutter auch noch bei uns im Keller versteckt. Der war als Arbeiter bei der Fleischersfrau beschäftigt. Die konnten wir alle nicht leiden. Und die hat den Polen nur gequält. Kaum was zu essen gegeben und so. Und da hat er sie umgebracht. Danach ist er abgehauen, und meine Mutter hat ihn im Keller versteckt. Alle, die davon wussten, haben gesagt: »Die hats verdient!« Wir Kinder wussten natürlich nichts davon. Immer wenn sie ihm Essen gebracht hat, hat sie gesagt: »Das ist für die Hühner.«

Wir sind mit dem Personenwagen ins Erzgebirge gefahren, nach Pockau-Lengefeld. Dort standen sie schon mit den Pferdewagen und haben uns abgeholt. Nach Forchheim ganz in der Nähe. Dort sind wir zu der Familie Morgenstern gekommen. Der Opa war Fleischer und ist noch zu den Leuten Schlachten gegangen. Da hat er uns immer Wurstsuppe mitgebracht. Meine schwangere Schwester Ilse hatte ihr Mann nach Zittau zu seinen Verwandten gebracht.

In Forchheim waren wir bis zum Kriegsende. Und da hat mein Onkel Otto gesagt: »Wenn wir hier beim Russen sind, da können wir auch heim zu den Russen.« Und er hat einen Waggon besorgt, um nach Schlesien zu fahren. Das war ein Viehwaggon. Darin alle, die mit uns aus der Heimat weggegangen sind. Mir kam die Fahrt endlos vor, ich weiß aber nicht, wie lange wir wirklich gefahren sind. Es gab nichts zu trinken, es waren schlimme Zustände.

In Liegnitz mussten wir raus. Meine Großeltern wohnten in Liegnitz, und die hatten die Heimat nicht verlassen. Wir sind also zu den Großeltern, die in der Nähe des Bahnhofs wohnten. Nach zehn durfte aber keiner mehr auf der Straße sein. Nur mit Genehmigung vom Kommandanten. Meine Schwestern sind also zu den Großeltern. Da war auch meine Tante, und die kannte einen russischen Major. Den hat sie um eine Bescheinigung gebeten, dass wir uns noch auf der Straße aufhalten dürfen. Und da ist schließlich unsere ganze Familie zu meinen Großeltern hin, die anderen mussten auf dem Bahnhof bleiben.

Als wir am anderen Tag wieder zum Bahnhof hin sind, waren die anderen alle verletzt, voller Blut, sind wohl geschlagen worden, ich weiß nicht, von wem – die Russen, die Polen? -, und unser ganzes Hab und Gut war weg. Wir hatten die Aussteuer für die Mädchen mitgenommen, eine ganze Kiste voller Geschirr und Wäsche, alles weg. Zu meinen Großeltern hatten wir ja nur mitgenommen, was wir tragen konnten.

Von Liegnitz aus sind wir dann heimgelaufen. Ilse haben wir in Liegnitz gelassen, die war ja von Zittau zu uns nach Forchheim gekommen, als die Russen in die Nähe von Zittau kamen. Nun musste sie bald entbinden. Und dort war ein Krankenhaus, also ist sie bei den Großeltern geblieben.

Als wir in unsere Wohnung kamen, der Schock: ein halber Meter hoch lag da der Unrat. Verschimmeltes Essen. Die Möbel umgeschmissen, überall hin uriniert, es war furchtbar. Meine Schwester Grete hat erstmal den Besen genommen und alles rausgeschafft. Dann haben wir aber gesagt: »Hier können wir nicht bleiben.« Der Rest des Hauses war leer, und wir wollten nicht allein darin wohnen. Da sind wir nach Seifersdorf gezogen in ein leerstehendes Haus von Bekannten. Die waren schlauerweise nicht mit zurückgekommen.

Wir mussten uns dann beim russischen Kommandanten melden. Meine Schwester Traute war in Breslau im Kriegshilfsdienst bei der Straßenbahn gewesen. Davon hatte sie noch ihre Uniform an. Und da haben die gedacht, die war im Krieg und hat gegen die Russen gekämpft. Da haben sie sie eingesperrt. Aber einer von den Russen hat gemerkt, dass das eine Straßenbahnuniform ist und hat es dem Kommandanten gesagt. Da wurde sie nach einer Nacht wieder entlassen.

Der Kommandant hat gesagt: »Die jungen Mädchen müssen alle auf dem Gut arbeiten, und jede bekommt ein Sechspfundbrot, ein Schnapsglas voll Zucker und eine Blechbüchse voll Pferdebohnen.« Meine Mutter und ich sollten zu Hause bleiben. Die anderen drei, Grete, Traudl und Herta sind auf dem Gut arbeiten gegangen.

Und »unsere« Russen haben auf uns aufgepasst. Sie haben zu uns gesagt: »Keine fremden Russen reinlassen! Wollen Wasser – stimmt nicht! Wollen Mädchen. Wir passen auf!«

Sie sind durchs Dorf patrouilliert und haben auf uns aufgepasst, dass uns nichts passiert.

Ende Juni 45 haben sie gesagt: »Ihr müsst wieder weg.« Sie wussten nicht warum, aber sie haben uns geholfen. Sie haben uns aus Kinderwagenrädern einen Karren gebaut. Abends, wir wollten gerade schlafen gehen, kamen sie zu uns und haben gesagt: »Es ist nicht wahr, es war ein Gerücht. Ihr könnt hierbleiben!« Und da haben sie mit uns im Hof herumgetanzt und haben sich gefreut, dass wir dableiben können. Da haben wir das meiste wieder ausgepackt.

Früh um sieben standen die Polen mit Gummiknüppeln an der Tür. »Raus!« Zum Glück hatten wir die Taschen noch nicht ausgepackt. Wir haben also das Gepäck auf die Karre geschmissen, die ging kaputt, da ist meine Schwester Traute in die Scheune und hat so eine Schiebekarre mit einem Rad vorn und Brettern geholt, und wir haben das Gepäck darauf geladen.

Die Russen haben geheult, wir haben geheult. Dann sind wir nach Heinersdorf, das war zwei Dörfer weiter. Dort mussten wir auf einer Wiese warten, bis alle Deutschen aus den umliegenden Dörfern da waren. Es war Siebenschläfer, und es regnete in Strömen. Und Russen und Polen haben uns bewacht. In der Nähe war eine Scheune. Da sind wir Kinder immer hin und haben Strohballen rausgeholt, um uns eine Bude zu bauen als Regenschutz. Ein bestimmter Russe, wenn der Wache hatte, hat immer gesagt: »Ihr könnt rennen, ich schieße nur in die Luft. Ich euch nichts tun.«

Und wir sind dann in die Scheune gerannt, um im Trockenen zu sein. Wenn seine Wache zu Ende war, mussten wir wieder raus und warten, bis er wieder Wache hatte. In so einer Strohhütte lagen wir also zu zwölft wie die Heringe. Vorne lag meine Schwester Grete, dahinter die beiden einzigen Kinder, ich und mein Cousin. Und nachts sind dann Russen gekommen, haben das Feuerzeug angemacht und nach Mädchen gesucht. Und Grete hatte sich die Steppdecke über den Körper gezogen, damit sie nicht zu sehen war. Der eine Russe hat sogar auf ihrer Hand gekniet. Mein Onkel Otto hat sich aufgesetzt und gefragt, was sie wollen. Die Russen haben gefragt: »Keine Mädchen?«

Der Onkel hat geantwortet: »Nee, hier sind nur Kinder.« Da mussten wir uns hochsetzen, mein Cousin und ich, und da sind sie wieder gegangen.

Nach einigen Tagen sind wir dann unter Bewachung nach Görlitz zu gelaufen. Eine Frau aus unserem Dorf hatte zwei kleine Kinder. Eins im Kinderwagen, den sie geschoben hat und eins im Sportwagen, den sie hinterhergezogen hat.

Und da war so ein kleiner Russe mit einem Gewehr über der Schulter. Der ist auf einmal zu der Frau gegangen und hat das Kind aus dem Sportwagen genommen. Und die Frau hat geheult: »Nein, nein!« Und da hat er gesagt: »Ich nichts machen.« Und er ist mit dem Kind ganz weit vorgelaufen, hat sich in den Graben gesetzt, hat es in den Arm genommen und geschaukelt. Als das Kind zu weinen anfing, hat er gefragt: »Was ist los, was ist los?« Da hat die Frau gesagt: »Die braucht ihre Flasche.« Er streckte die Hand aus und die Frau hat ihm die Flasche gegeben. Da ist er wieder nach vorne gerannt, und hat dem Kind die Flasche gegeben.

Dann sind wir zu einem Friedhof gekommen, wo wir zwischen den Gräbern geschlafen haben. Die Frauen mit kleinen Kindern, die durften in die Kirche, wir anderen haben uns in der Umzäunung der Familiengrabstätten einen Platz gesucht.

Wir sind dann am nächsten Tag weiter, nach Görlitz, wo wir das erste Mal was Warmes zu essen gekriegt haben. Erbsensuppe, das weiß ich noch. Wir waren in einer Schule oder einer Turnhalle. Wir haben auch Tee gekriegt, ich hatte so ein kleines Milchkännchen dabei für den Tee. Die Erbsensuppe war mein Verhängnis. Ich musste dann immer in den Graben rennen, weil ich Durchfall hatte und brechen musste.

Meine Tante hat dann irgendwie erfahren, dass ihr Mann in der Nähe war. Also ist sie mit ihrer anderen Schwester fort und wollte mit ihren Kindern zu Onkel Hermann. Wir sind weitermarschiert.

Irgendwann sind Grete und Herta dann meiner Tante hinterher und wir sind ohne sie weitergezogen.

Als wir dann über die Grenze und wieder im Reich waren, mussten uns die Leute was zu essen geben. Meine Mutter hat ein paar Speckschwarten erbettelt. Bei dem einen Bauern durften wir nur auf der Tenne schlafen, auf dem Beton. Wir durften nicht ins Haus, wir waren ja Gesindel und hatten alleine den Krieg verloren. Zum Essen durften wir dann rein ins Haus. Da war ein älteres Ehepaar, eine jüngere Frau und ein kleines Mädchen. Und die jüngere Frau hatte die Katze auf der Schulter sitzen. Und die hat einmal der Katze einen Löffel gegeben und einmal sich selbst einen Löffel voll in den Mund gesteckt. Immer abwechselnd. Das war total eklig.

Die hatten Bratkartoffeln und Eier, uns haben sie Kartoffeln und Quark gegeben. Wir haben aber kaum was runtergebracht, wo wir gesehen haben, wie die ihre Katze immer gefüttert hat.

Wir waren dann in Ebersdorf bei Löbau. Ein Bauer hat uns alle in die Scheune gebracht. Im Haus waren schon so viele Flüchtlinge. Und da haben wir in der Scheune auf dem Heu geschlafen, und das war unser Verhängnis. Das Heu war frisch eingefahren, und da waren wir wie betäubt von dem frischen Heuduft. Der Bauer hat uns dann in den Hof gebracht und sich entschuldigt. Er hatte nicht gedacht, dass wir da nicht wieder munter werden.

Und wir haben wieder betteln müssen. Dann waren wir bei einer Lehrerfamilie. Und in Heidenau haben wir in einer Molkerei übernachtet. Und dann sind wir wieder nach Forchheim gelaufen. Und da habe ich mir geschworen: In meinem Leben laufe ich keinen Schritt mehr.

Als wir in Forchheim ankamen, haben wir unsere beiden Schwestern wiedergetroffen. Dort mussten wir aber wieder weg, weil es so wenig zu essen gab. Und da war unser Nachbar, der war aus Ostpreußen, und der hat gesagt: »Ich war in Thüringen, in Kleinobringen bei Weimar, da tragen sie die Kuchen auf großen runden Blechen auf dem Kopf zum Bäcker, die backen Brot selber, ich hab mir gleich Arbeit und eine Wohnung gesucht.«

Und da hat meine Schwester Grete gesagt: »Wenn das so gut dort ist, fahre ich auch mal da hin, vielleicht kriegen wir dort auch eine Wohnung.« Also ist sie nach Weimar gefahren, mit dem Zug, und dann mit dem Bus, und der hielt in Stedten. Als sie dort an der Endhaltestelle ausgestiegen ist, ist sie Leuten von zu Hause begegnet. Die waren auf dem Gut von dem Zachau, der auch zu Hause in Seifersdorf ein Gut hatte. Da ist Grete zu dem Zachau und hat gefragt, ob wir herkommen könnten. Da hat er gesagt, wenn wir mit zwei Zimmern zufrieden sind, können wir kommen. Da hat meine Schwester gesagt, wir wären mit einem Zimmer zufrieden. »Die Frauen können auf dem Gut arbeiten«, hat er gesagt. Das war dann im Oktober, als wir endlich einen Platz hatten, wo wir bleiben konnten.

Von Januar bis Oktober sind wir herumgezogen und waren unterwegs, um eine neue Heimat zu finden. Hier in Stedten habe ich sie endlich gefunden.

1946 im Mai wurde dann auch mein Vater aus der englischen Gefangenschaft in Österreich entlassen. Da wollte er eigentlich, dass wir zu ihm nach Österreich kommen. Aber inzwischen hatten wir ja in Stedten eine neue Heimat gefunden.

Negative Erfahrungen mit der Bevölkerung in unserer neuen Heimat haben wir nicht gemacht. Wir waren da und wir gehörten dazu. Ich hatte gleich eine Freundin, die hat mir auch ein paar Sachen von sich gegeben, ich hatte ja nichts. Nur Wintersachen.

Sehnsucht nach zu Hause hatte ich in den ersten Jahren viel. Besonders nach meinen Freundinnen. Das wurde aber mit der Zeit weniger. Aber nach der Wende habe ich einen Bus gechartert, mit dem bin ich dann zusammen mit meinen Schwestern, meinen Kindern, meinen Enkeln nach Seifersdorf gefahren. Dort habe ich mich noch an alles erinnern können, und meine Schwestern waren erstaunt, was ich noch alles wusste.

Wir waren auch in Jeschkendorf. In unserem Haus haben Polen gewohnt. Meine Schwiegertochter stammt aus Polen, und die konnte übersetzen. Die neuen Bewohner wollten uns gern in das Haus lassen, aber wir haben es uns nur von außen angesehen.

Für meine Kinder und Enkel war das Ganze zwar interessant, aber für mich war das trotz allem sehr belastend. Heimat ist eben Heimat, auch wenn man woanders dann eine zweite Heimat gefunden hat.

Wilfried Baganz, geb. 1949, Familie aus Stettin, Westpommern

»Das ist unsere Heimat hier. Stettin ist mehr so eine Kopfheimat.«

Meine Eltern haben sich, als wir noch kleine Kinder waren, immer über ihre alte Heimat unterhalten. Mehrere Fotoaufnahmen von Stettin hingen bei uns an der Wand. Und ich wusste schon als kleines Kind, dass das die Oder ist, und die Dampfer, die da fahren, dass die an der Hakenterrasse vorbeifahren. Von den vielen Erzählungen kannte man also ziemlich genau das Leben in dieser Stadt, aus der meine Eltern geflüchtet waren, als hätte man selbst dort gelebt.

Geschichten über die schlimmen Dinge, die mit dem Krieg verbunden waren, wo sie dann evakuiert wurden, weil dann in Stettin schon sehr viel zerbombt war, sowohl das Optikergeschäft meines Vaters als auch die Wohnhäuser, wo sie gewohnt haben, wurden uns erst später erzählt.

Meine Mutter wurde dann mit meinem Bruder, der 1945 vier Jahre alt war, nach Stargard evakuiert, als Stettin immer mehr zerbombt wurde, und unser Vater hat in Stargard einen Optikerladen übernommen.

Mein Vater ist Soldat gewesen und ist dann irgendwann verwundet worden und nicht mehr wehrtauglich gewesen. Das heißt, dass er zu Kriegsende bei meiner Mutter und meinem Bruder in Stargard gewesen ist, bis man ihn zum Volkssturm zur Verteidigung Stralsunds gerufen hat. Es gibt ein Foto, wo mein Vater in Stettin meine Mutter im Zug sitzend mit dem kleinen Hartmut von außen fotografiert hat. Da muss sie gerade nach Stargard gefahren sein.

Die Schwester meiner Mutter war eine der Letzten, die Stettin verlassen hat, bevor die Rote Armee gekommen ist.

Mein Vater ist 1945 dann noch von Neustrelitz einmal nach Stettin und Stargard hingewandert, und hat noch einen Schleifstein, Werkzeuge und Brillen aus seiner Werkstatt geholt.

Meine Mutter hatte eine große Kassette, da war alles drin eingeschlossen. Briefe ihrer Mutter, Fotos, Aktien, die längst keinen Wert mehr hatten, Dinge, die für sie wichtig waren. Sie hat zu Lebzeiten nichts davon rausgerückt. Wenn ich sie besuchen gekommen bin, hat sie oft dagesessen in ihrem Sessel, vor sich die Kassette, in der Hand die Briefe ihrer Mutter, die es ja tragischerweise bis nach Dänemark verschlagen hatte, interniert im Lager Oksbøl. Erst nach Mutters Tod habe ich als Erbe Briefe aus dieser Kassette bekommen.

Als die ersten Möglichkeiten waren, nach Polen reisen zu können – mein Vater war schon gestorben – es muss etwa 1965 gewesen sein – da konnte man Busreisen machen, wo Ostdeutsche in die ehemaligen deutschen Gebiete fahren konnten. Da sind wir, meine Mutter, mein großer Bruder und ich nach Stettin gefahren. Meine Mutter wollte gerne ihre Heimatstadt wiedersehen, sie ist ja auch gebürtige Stettinerin, währenddessen mein Vater erst später hingekommen ist. Er ist im deutsch-polnischen Korridor irgendwo bei Posen geboren.

Wir haben uns also Stettin angeguckt. Meine Mutter hat immer nur dagestanden und gesagt: »Das ist nicht mein Stettin.« Alles war noch genauso zerstört wie 1945. Fast nichts war wieder aufgebaut. Die große Jakobikirche, vor der wir dann standen, von der ich auch viel erzählt bekommen hatte und die ich von Bildern kannte, war eine Ruine. Dass man von dem Platz, wo wir standen, runtergucken konnte bis auf die Oder, diesen Blick hatte sie nie gehabt. Das war nicht ihre Stadt. Die hat die Stadt nicht wiedererkannt. Wir haben alle Orte, die ihr wichtig waren, besucht. Ein Gebäude, was ihr auch sehr wichtig war, war ihre Schule, eine rote Backsteinschule, die gab es noch. Vor der hat sie andächtig gestanden. Auch vor dem sogenannten Roten Rathaus standen wir. Da war früher ein riesengroßer Brunnen, der Manzelbrunnen, der auch bei uns im Wohnzimmer als Foto immer hing, der war weg. Und das Rathaus sah sehr trostlos aus, aber meine Mutter war froh, dass sie das noch sehen konnte. Und die Hakenterrasse, die war auch noch völlig erhalten gewesen. Und die großen Gebäude zur Oder hin, die standen auch noch. Aber all die Orte, wo sie mal gewohnt hat, die besonders mit Herzblut verbunden waren, waren zerstört. Und selbst das eine Eckhaus, wo sie gewohnt hat, hat gefehlt. Und dort war tatsächlich daneben schon ein Neubaublock gebaut. Auf dem Hof hatte mein Vater eine kleine Garage, um einen Kastanienbaum herumgebaut, wo er sein Motorrad drin hatte, und dieser Kastanienbaum stand noch und der Holzschuppen, wo er das Motorrad drin hatte, auch. Das hat uns besonders bewegt. Wir haben auch von allem Fotos gemacht.

In dem Mietshaus, in dem wir später hier in Neustrelitz gewohnt haben, haben ganz viele Stettiner Flüchtlinge drin gewohnt. Die haben sich getroffen und dann über Stettin gesprochen.

Viele Flüchtlinge sind in der Zeit nach der Ankunft 1945 in Neustrelitz noch an Typhus gestorben, denn sie hatten nichts zu essen. Zum Glück konnte mein Vater sich durch seine Herkunft in Posen mit Polnischkenntnissen sprachlich ganz gut mit den Russen verständigen.

Der russische Offizier, in dessen eroberter Villa sie mit anderen Flüchtlingen zusammengepfercht hausten, hat dafür gesorgt, dass meine Eltern und mein Bruder ins Krankenhaus kamen, sonst hätten sie den Typhus nicht überlebt. Die aus Stettin zuletzt geflüchtete Tante war auf einem Bauernhof gelandet und brachte rettende Lebensmittel mit.

Es gab kaum einen Ort in Deutschland, wo so viele Flüchtlinge auf einen Einheimischen gekommen sind wie in Neustrelitz. Viele sind verhungert. Es gibt auf einem Friedhof, damals mitten im Wald, wo sie die Toten alle verbuddelt haben, einen schlichten Gedenkstein, der an all diese verhungerten Opfer erinnert. Als Kind habe ich nie verstanden, warum mein Vater da mit mir immer hingegangen ist. Später habe ich es dann verstanden: Er war dankbar, dass er nicht da unten liegen muss.

Der gute Kontakt meines Vaters zu den Russen hat auch dabei geholfen, dass er sich hier wieder eine neue Optiker-Existenz aufbauen konnte.

Der Empfang der Stettiner Flüchtlinge hier in Neustrelitz war gruselig. Die Neustrelitzer hatten ja noch das ein oder andere Eingeweckte stehen in ihren Kellern und hatten jetzt lauter Flüchtlinge, die gar nichts hatten. Die Straßen in Neustrelitz waren voll mit Pferdefuhrwerken. Meine Mutter war hier in Neustrelitz bei einer Schwägerin, der Familie Kupke, untergekommen. Weil sie wusste, dass die Russen vor der Stadt stehen, ist sie mit Sack und Pack auf den Bahnhof, um mit dem letzten Zug Neustrelitz noch zu verlassen. Bei ihr waren die beiden Kinder, ihre Mutter und ihre Schwiegermutter. Der Bahnhof war völlig überfüllt, es gab auch noch einen Fliegerangriff, und in dem ganzen Gewimmel haben sie die eine Oma (die Agnes Both) verloren. Der Zug fuhr dann ab. Meine Mutter ist wieder zurück zu Familie Kupke, weil sie annahm, ihre Mutter sei wieder hierher zurückgekommen. Die war aber allein in den Zug gestiegen und ist in Dänemark gelandet. Und als meine Mutter wieder in dem Haus war, hat sie die Familie gefunden, wie sie teilweise schon tot, teilweise am Sterben waren. Die hatten sich alle vergiftet. Und dann kam der nächste Schock, der Verlust ihres Babys bei dem Brand des Hauses, als es in der Nacht in Brand geschossen wurde, denn die Russen waren nun da. Meine Mutter musste da, nahe dem Wahnsinn, mit meinem Bruder Hartmut und ihrer Schwiegermutter, in das nächste Haus, in den Keller fliehen.

Da kam dann auch ein Russe in den Keller und hat der Oma, die hatte ja zehn Kinder, das Mutterkreuz weggenommen. Später kam dann ein Offizier, der hatte das Kreuz in der Hand, und der hat meinen Bruder gesehen und hat gemerkt, dass das meinem Bruder gefällt und hat ihm das dann umgehängt.

Es gab dann 45 diesen adligen Bürgermeister in Neustrelitz, der von den Nazis unbelastet war, und der musste mit dafür sorgen, dass alle Flüchtlinge irgendwo unterkamen. Die Sache wurde ja dadurch noch verschärft, dass ein Viertel oder ein Fünftel der Häuser ja durch die Russen selber besetzt waren. Da mussten die Leute sofort auch raus. Und die mussten ja auch irgendwo wohnen. Viele Neustrelitzer haben auf einmal genauso dagestanden wie die Flüchtlinge. Wir haben Fenster an Fenster mit einer anderen Familie aus Stettin gewohnt.

Unsere Eltern sind Jahre später mit uns ganz oft nach Usedom hochgefahren, wir haben in Ahlbeck auf der Seebrücke gestanden und haben nach Swinemünde geguckt, und meine Eltern haben erzählt, was sie da früher alles gemacht haben. Man konnte ja die Häuser und die Kräne von Swinemünde sehen. Da gabs jede Menge zu erzählen, das war ja ihr Leben gewesen. Und mich hat das immer interessiert, gerade weil es so verborgen war. Die Freundschafts-Grenze nach Polen war ja dicht für alle DDR-Bürger, nur Westdeutsche konnten rüber.

Mit meiner Frau und unseren drei Kindern sind wir nach 1989 auch in Stettin gewesen, um denen das auch begreiflich zu machen, wovon man oft erzählt hat, woher meine Familie eigentlich kommt. Wir sind nun auch mit den Enkeln schon dagewesen, die fangen ja auch schon an, sich dafür zu interessieren.

Die ersten Male in Stettin, noch zu DDR-Zeiten, als wir dort in Polen waren, waren nicht so schön, weil wir auch angefeindet wurden von den Einheimischen. Da sind ja auch schlimme Sachen passiert. Dass Leute, die da mitgefahren sind mit so einer Busreise, an ihren ehemaligen Wohnungen geklingelt haben und als sie ihre Möbel gesehen haben, sind sie ausgerastet. Wir selbst haben auch gemerkt, dass die Polen, die uns auf der Straße begegnet sind, wenn sie gemerkt haben, dass wir Deutsche sind, uns verächtlich angeschaut haben. Noch Anfang der Neunziger Jahre sind wir angefeindet worden. Ein junger Pole im Bäckerladen hat uns fast angespuckt. Dass wir nur kommen würden, um das billige Brot bei ihnen wegzukaufen. Die letzten Male, als wir in Stettin gewesen sind, haben wir aber sehr viel Freundlichkeit erlebt. Die Polen haben angefangen, auch Stettins deutsche Geschichte anzuerkennen und historischer deutscher Persönlichkeiten zu gedenken.

Dass wir Neustrelitz jetzt hier als unsere Heimat empfinden und hier zu Hause sind, das ist meinen Eltern wunderbar geglückt. Mein Vater hat hier ein Optikergeschäft übernehmen können, hat sich bestens hier eingelebt, hat sich beim Kulturbund engagiert, war künstlerisch begabt, hat geschnitzt, Preise gewonnen und Bilder gemalt. Wir haben mit ihm die Gegend hier erwandert, haben die Heimat hier lieben gelernt durch die Wanderungen durch die Natur. Mein Vater hat fotografiert, der ist mit mir morgens um fünf aufgestanden und ist in den Wald gefahren, und wir haben die Dachse beobachtet, wenn sie aus dem Bau kamen. Und ihm hat die Gegend hier auch gefallen, die ist ja auch wunderschön. Das ist sehr schön gewesen, dass uns unsere Eltern so viel Naturliebe beigebracht haben. Das ist unsere Heimat hier. Stettin ist mehr so eine Kopfheimat. Aber es berührt mich schon sehr, wenn ich dort langgehe und weiß, hier haben einst meine Eltern gestanden.

Wilfried Baganz Schlossbrand 1945 Neustrelitz

Wilfried Baganz

>> ERIKA BAGANZ 1945 <<

im Gedenken für unsere Schwester Erika
20.Jan.1945 - 29.04.1945

Erst brannte ein Durst
er brannte auf Rache.

Es brannten die Fackeln
es brannte der Reichstag.

Es entbrannten die Redner
ins Herz das Sieg Heil
dem wutentbrannten Volk.

Es brannten die Bücher.
Es brannten die Synagogen.

Bis brannten die Länder …
selbst Menschen …
in Öfen verheizt.

Bis brannten …
dann … Kirchen
… die eigenen Häuser
zu Asche und Schutt.

Es brannte das Schloss
im schönen Neustrelitz …

als brannte
die letzte Zufluchtstätte …
nur zarte 3 Monate

das Schwesterchen Erika
als Opfer der Flammen
so nackt und so bloß…
Es brennen die Fragen
wie einst verzweifelt in unserer Mutter
so nahe dem Wahnsinn …
die werde auch ich
der Sohn nachgeborn
niemals mehr los …

In der Emil-Kraepelin-Strasse in Neustrelitz brannten am 28./29.April 1945 durch feindlichen Beschuss zwei Häuser nachdem die faschistischen »Verantwortlichen« der Stadt eine durch die Rote Armee angebotene Kapitulation ablehnten.
In dem Haus Nr.6 befand sich auch unsere Mutter mit dem vierjährigen Sohn Hartmut und Töchterchen Erika, nur drei Monate alt.
Keine Feuerwehr löschte, niemand half, Erika ist in den Flammen umgekommen …
Man hatte ja damit zu tun – das Regierungsgebäude und das Stadtschloss vor den anrückenden Sowjets selber noch abzufackeln,
das war ihnen wichtiger als Menschenleben von »Volksgenossen« zu retten.

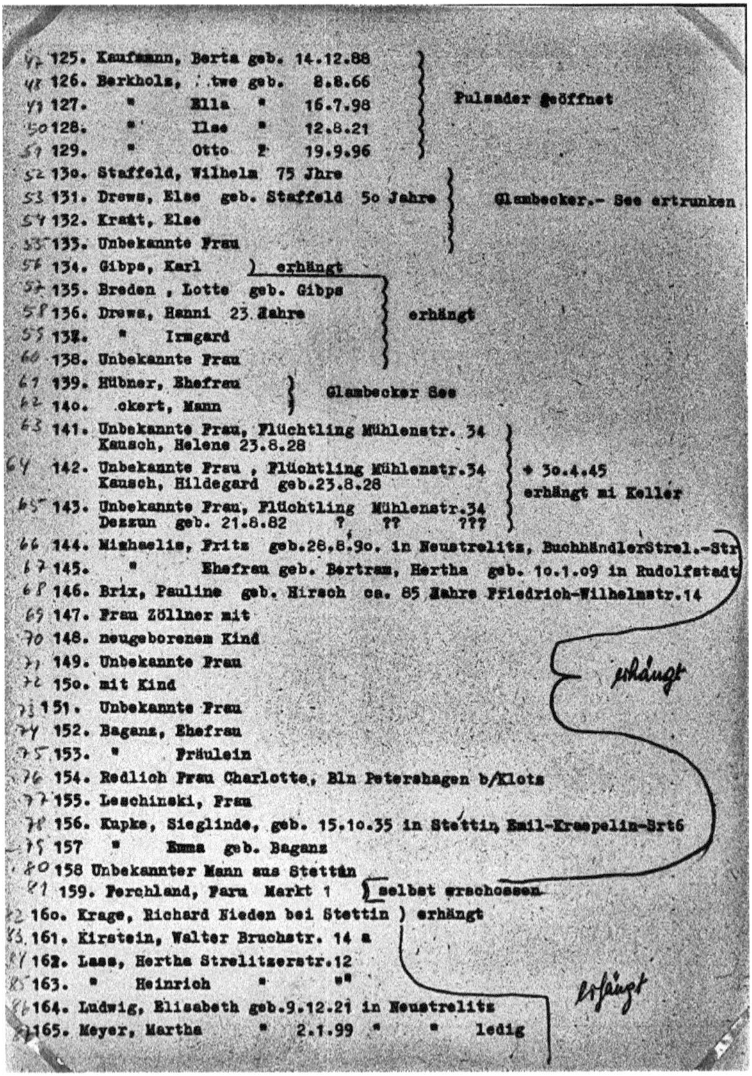

47 125. Kaufmann, Berta geb. 14.12.88 } Pulsader geöffnet
48 126. Berkholz, .twe geb. 8.8.66
49 127. " Ella " 16.7.98
50 128. " Ilse " 12.8.21
51 129. " Otto " 19.9.96
52 13o. Staffeld, Wilhelm 75 Jhre } Glambecker.- See ertrunken
53 131. Drews, Else geb. Staffeld 5o Jahre
54 132. Kraat, Else
55 133. Unbekannte Frau
56 134. Gibps, Karl) erhängt
57 135. Breden , Lotte geb. Gibps } erhängt
58 136. Drews, Hanni 23 Jahre
59 137. " Irmgard
60 138. Unbekannte Frau
61 139. Hübner, Ehefrau } Glambecker See
62 14o. .ckert, Mann
63 141. Unbekannte Frau, Flüchtling Mühlenstr. 34 Kausch, Helene 23.8.28 } + 3o.4.45 erhängt mi Keller
64 142. Unbekannte Frau , Flüchtling Mühlenstr.34 Kausch, Hildegard geb.23.8.28
65 143. Unbekannte Frau, Flüchtling Mühlenstr.34 Dezzun geb. 21.8.82 ? ?? ???
66 144. Mishaelis, Fritz geb.28.8.9o. in Neustrelitz, BuchhändlerStrel.-Str
67 145. " Ehefrau geb. Bertram, Hertha geb. 1o.1.o9 in Rudolfstadt
68 146. Brix, Pauline geb. Hirsch ca. 85 Jahre Friedrich-Wilhelmstr.14
69 147. Frau Zöllner mit
70 148. neugeborenem Kind
71 149. Unbekannte Frau
72 15o. mit Kind
73 151. Unbekannte Frau
74 152. Baganz, Ehefrau
75 153. " Fräulein
76 154. Redlich Frau Charlotte, Bln Petershagen b/Klotz
77 155. Leschinski, Frau
78 156. Kupke, Sieglinde, geb. 15.1o.35 in Stettin Emil-Kraepelin-Srt6
79 157 " Emma geb. Baganz
80 158 Unbekannter Mann aus Stettin
} erhängt
81 159. Ferchland, Faru Markt 1 } selbst erschossen
82 16o. Krage, Richard Nieden bei Stettin) erhängt
83 161. Kirstein, Walter Bruchstr. 14 a
84 162. Lass, Hertha Strelitzerstr.12
85 163. " Heinrich " "
86 164. Ludwig, Elisabeth geb.9.12.21 in Neustrelitz
87 165. Meyer, Martha " 2.1.99 " " ledig
erhängt

Auszug aus einem Verzeichnis über die Suizide in Neustrelitz 1945

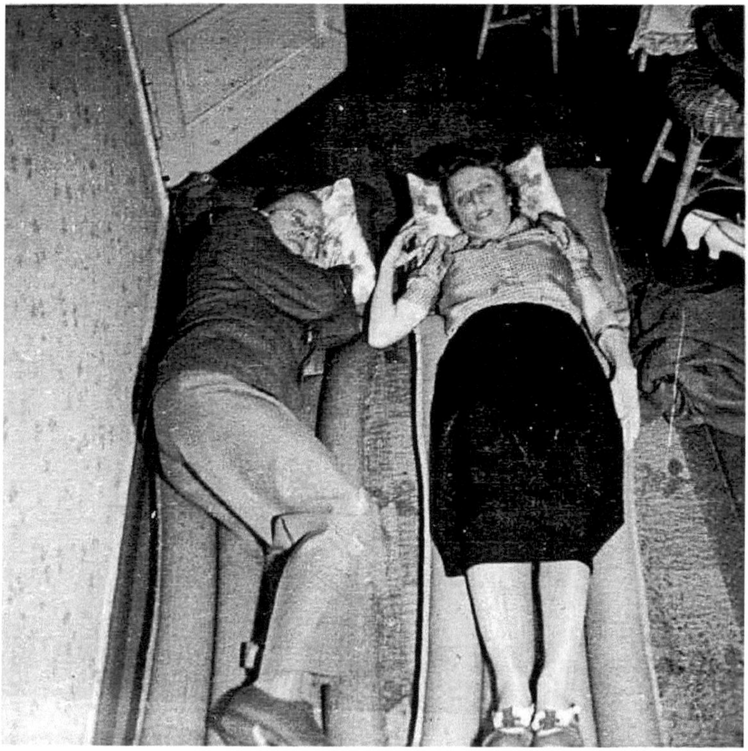

Charlotte Both und Kurt Baganz im Keller der Stettiner Wohnung, Bismarckstr. 19 (bei Luftalarm)

A b s c h r i f t .

Nachlassverzeichnis der am 25. Juni 1947 verstorbenen Agnes

B o t h .

1. 2 Paar Schuhe
2. 1 Papiereinholtasche
3. 3 Paar Schlüpfer
4. 2 Paar Damenstrümpfe
5. 2 Paar Kindersocken
6. 1 grüne Kappe
7. Flicken
8. 1 Paar Gummischuhe
9. 1 Buch
10. 1 Messer, 1 Gabel
11. 1 Mantel
12. 1 Holzkiste
13. 1 Einkaufsnetz
14. 1 Paar Handschuhe
15. 1 brauner Mantel
16. 1 Paar Hausschuhe
17. 2 Wolldecken
18. 1 Kopfkissen (Inhalt Zellstoff)
19. 1 Strumpfhaltergürtel
20. 4 Handtücher
21. 1 Unterrock
22. 1 Schlüpfer
23. 1 Taghemd
24. 2 Waschlaeppchen
25. 8 Taschentücher
26. 1 Paar Soeckchen
27. 1 seidenes Tuch
28. 1 Naehbeutel mit Inhalt
29. 1 Trinkbecher
30. 1 Tasse
31. 1 Glas mit Zucker
32. 1 Neues Testament
33. 1 Buch "Losungen 1947"
34. 1 Haarbürste Seife u.Kamm
35. 1 Zahnglas mit Bürste
36. 1 Gebiss
37. 2 Herren-Uhren (1 mit Kette)
38. 3 Trauringe (1 unecht) (1)
39. 1 Halskette
40. 1 Elfenbeinkette
41. 1 Teeloeffel
42. 1 Essenschieber für Kleinkind (Silber)
43. 1 Silbernadel
44. 1 Granatbrosche
45. 3 Brillen (1 ohne Glas)
46. 1 Sparkassenbuch der Sparkasse Stettin Nr. 215349 über RM 947,71
47. Bargeld RM 362,40
48. Versicherungspapiere von der Angestellten-Versicherung
49. 1 Lederhandtasche mit Briefen

Nachlassverzeichnis der Großmutter von Wilfried Baganz aus Oksböl

Renate Alt, geb. Pawlas, geb. 1934 in Ochojetz, Oberschlesien

»Kinder, wenn ihr könnt, zieht niemals in ein Grenzgebiet!«

Meine Mutter starb vier Wochen nach meiner Geburt. Mein Vater war gezwungen, eine neue Mutter für seine Kinder zu suchen. Und er hat so lange gesucht, bis er eine Frau gefunden hat, die gut zu seinen Kindern war.

Mein Großvater, der Vater meiner zweiten Mutter, war ein sehr gebildeter Mann. Der war Diener bei dem Grafen von Donnersmarck. Meine Mutter hat ihren Vater immer gesiezt. Wenn er auf uns aufpassen musste, weil meine Eltern aus waren, hat er uns immer schon um fünf ins Bett geschickt.

Mein Vater hat in der Grube in Lipine gearbeitet. Weil die Wohnbedingungen dort so schlecht gewesen sind, hat er um meine Geburt herum das Haus in Ochojetz gebaut. Ich kenne Lipine nur aus den Erzählungen meiner Schwester. Das war eine alte Industriestadt, in der Zinkerz, Steinkohle und Blei in Bergwerken gefördert und das Zink verhüttet und gewalzt wurde. Die Häuser waren alle schwarz und die Luft schlecht.

Während der Weltwirtschaftskrise hat mein Vater die Arbeiter auf der Halde in ihren Erdlöchern besucht, in denen sie auf Grund der hohen Arbeitslosigkeit hausen mussten. Er machte ihnen Mut und sprach ihnen Trost zu. Er unterstützte sie auch im Rahmen seiner Möglichkeiten.

Meine Schwester ist vier Jahre älter als ich. Von ihr habe ich viel gelernt. Sie hat viel gelesen und mir dann immer davon erzählt.

Nazis waren wir nicht. Aber meine Mutter war in der Frauenschaft, da ist sie gern hingegangen. Dort haben sie für die Soldaten an der Front Strümpfe gestrickt und warme Sachen hingeschickt. Die alleinerziehenden Mütter mit ihren Kindern wurden auch von ihnen betreut.

1939, als wir um die Anerkennung der deutschen Minderheit kämpften, da war im Nachbarort, in Petrowitz, eine Deutsche Schule. Und da fehlte ein Kind, um den Status der Deutschen Schule zu erhalten. Deshalb musste meine Schwester dann dahin wechseln. Da hat sie immer mit meinen Eltern geschimpft, weil sie früh um sechs mit dem Bretterwagen mit dem Pferd davor abgeholt wurde, auch wenn es im Winter sehr kalt war. Da hat sie mich immer beneidet, weil ich noch nicht in der Schule war und im Bett liegenbleiben konnte.

Wir haben eine glückliche Kindheit verlebt. Im Winter sind wir immer am Hang beim Haus Schlitten gefahren, manchmal auch in die Klodnitz hinein, die im Winter aber oft zugefroren war. Ich bin immer mit meinem Cousin auf dem Schlitten gefahren und meine Schwester mit meiner Cousine. 1940 bin ich in die Schule gekommen, das war eine deutsche Volksschule.

Wir sind immer in die Beskiden in die Ferien gefahren.

Mein Vater liebte Tiere, und wir hatten einen großen Hund, eine Dogge, die hieß Bux. Als sie verendet war, bekamen wir einen Bernhardiner, Kuno. Mein Vater hatte auch Tauben, die waren auf der Terrasse unseres Hauses. Das Haus war terrassenförmig angelegt und hatte auch einen Teich mit Karpfen und Goldfischen. Das war eine wunderbare Stelle im Garten, ein Platz zum Entspannen und Ausruhen.

Das Verhältnis zu unserem Nachbarn war problematisch. Das war ein Pole, der war Postbote, leider trank der viel und hatte viele Kinder. Das Haus war auch sehr abgewohnt, sein Zaun war umgefallen, unserer stand ordentlich da. Mit den Kindern haben wir trotzdem gespielt. Aber da war immer der Neid da auf unser schönes Haus.

In Kattowitz gab es ein jüdisches Geschäft, das Geschäft »Goldfisch«, das Badeanzüge und Wollsachen verkauft hat mit so einem kleinen Goldfisch drauf. Es muss so etwa 1942 gewesen sein, da haben diese jüdischen Geschäftsleute viele Kisten mit ihren Waren bei uns in den Keller gebracht. Außerdem Kisten mit gutem Porzellan. Wir Kinder haben furchtbar gern an den Kisten geschnuppert und geguckt, es hat auch so gut gerochen. Wir hätten so gern einen von den schönen Badeanzügen gehabt, aber Mutter hat uns verboten, etwas aus den Kisten zu nehmen.

Meine Schwester, die dann auf die Oberschule in Kattowitz ging, hat erzählt, dass ein Mädchen ihrer Klasse eines Tages nicht mehr kam. Sonst haben wir nichts von den Juden mitbekommen.

Nur an die jüdischen Bettler, die dann immer bei uns vorbeikamen, kann ich mich noch gut erinnern. Die haben Karren geschoben mit Lumpen drauf. Lumpensammler nannten wir die. Die waren verwahrlost.

Und dann sind viele Deutsche, auch unsere Nachbarn, weggegangen. Heim ins Reich!

Mein Vater hat damals gesagt: »Kinder, wenn ihr könnt, zieht niemals in ein Grenzgebiet!«

Irgendwann, schon vor Kriegsanfang, ging der Ärger aber los zwischen Polen und Deutschen. Die Nachbarskinder schimpften mich dann plötzlich »Deutsches Schwein«. Im Sommer 1939 sind wir Kinder nachts munter geworden, die Scheiben haben geklirrt, und man hat uns Säureflaschen in die Wohnung geworfen. Unsere ganzen schönen Schleiflacktüren wurden davon beschädigt. Später waren dann auch die Fische im Teich mit Karbid vergiftet.

Das war, weil Hitler den Danziger Korridor wiederhaben wollte, den er nach dem ersten Weltkrieg an die Polen hatte abtreten müssen. Mit dem ist Ostpreußen von Deutschland abgetrennt worden.

Das kam dann so weit, dass man keine Deutschen mehr einstellen wollte.

Mein Vater war Abgeordneter im Oberschlesischen Sejm und Fraktionsvorsitzender der deutschen Minderheit und ein sehr beliebter Politiker. Er hat seine Stelle in der Verwaltung der großen Grube in Lipine, wo er Personalleiter war, einem deutschen Beamten mit fünf Kindern zur Verfügung gestellt, und er ist, mit Abschlag vom Geld, in den Vorruhestand gegangen.

In der Nacht zum 1. September 1939, wir Kinder schliefen schon, wurden wir durch lautes Rufen, Schreien und Bellen von Hunden wach. Polen kamen in unser Haus und befahlen uns, den Bernhardiner in der Küche einzusperren. Meine Mutter und wir Kinder mussten mit erhobenen Händen dastehen; die Gewehre der Polen waren auf uns gerichtet. Währenddessen durchsuchten die Polen unser Haus. Sie verhafteten meinen Vater und haben ihn weggeschafft. Da hat meine Mutter gesagt: »Kinder, jetzt müssen wir auch flüchten. Zieht euch sofort an!«

Mein Vater, das haben wir hinterher erfahren, wurde in den Garten eines Gasthofes gebracht, wo er sich sein eigenes Grab schaufeln musste. Das war für ihn besonders schlimm, da er herzkrank war. Da kam aber ein polnischer Offizier, der ihn kannte und der hat gesagt: »Diesen Mann lasst ihr frei! Das ist ein guter Deutscher!«

Daraufhin ist mein Vater zum Förster in den Wald gelaufen und hat sich dort versteckt. Und wir sind von Ochojetz in einen Vorort von Kattowitz gelaufen, fünfzehn bis zwanzig Kilometer in tiefster Nacht. Überall um uns herum Schüsse und Schreie. Dort, bei der Schwester meines Vaters, haben wir uns im Keller versteckt. Wieder kam die polnische Miliz mit Taschenlampen und hat gefragt: »Sind hier Deutsche?«

Da hat meine Mutter gesagt: »Kinder, wir müssen weiter!« Und da sind wir zu einer anderen Tante in Kattowitz gegangen. Dort sind wir sofort ins Bett gefallen.

Am Morgen dann Schüsse und Geschrei. Die Leute rannten auf die Straße und schrien freudig: »Die Deutschen sind da! Die Deutschen sind da!«

Wir haben später im Radio die Führerrede mit dem berühmten Satz »Seit 5.45 Uhr wird jetzt zurückgeschossen« gehört. Wir sind dann von meiner Tante wieder weg nach Hause. Und es dauerte nicht allzu lange, da kam auch mein Vater von dem Förster wieder. Wir dachten, wenn die Deutschen jetzt da sind, kann uns erst mal nichts mehr passieren. Zu Hause haben wir erst mal mit Hilfe unseres Hausmädchens wieder Ordnung gemacht, die Wohnung war ja nach der Hausdurchsuchung ganz verwüstet.

Natürlich ging es dann gegen die Polen, da gab es viele Verhaftungen. Und viele Polen, darunter auch unser Nachbar, sind auf der Flucht erschossen worden. Für mich war die ganze Sache damals wie ein Abenteuer, den Ernst habe ich als Kind noch gar nicht erfassen können.

Meine Schulzeit während des Krieges verlief mit nur wenigen Unterrichtsstunden, weil die Lehrer alle im Krieg waren. Dadurch haben wir so gut wie nichts gelernt.

Nazis waren wir nicht. Bei uns verkehrten nach Ausbruch des Krieges oft »Herren«. Wahrscheinlich war das ein Widerstandskreis gegen Hitler. Die haben auch mit anderen Widerstandskreisen Kontakt gehabt, zum Beispiel mit dem Kreisauer Kreis. Wenn ich früh die Treppe runterkam aus unserem Kinderzimmer und roch unten Kaffee und die Zigarren, und im Korridor hingen alles dunkle Mäntel, dann wusste ich, Vater hat wieder Besuch. Ich mochte den Zigarrenduft besonders. Mutter beanstandete das immer, sie sagte: Josef, ich muss immer Frühstück und Kaffee machen, ich weiß gar nicht, wovon. Für mich war das immer eine ganz tolle Stimmung im Haus.

Mein Vater war zwar Vorruheständler, aber er war den ganzen Tag weg. Immer unterwegs. Mit Stock und Hut, wie die Herren damals gegangen sind. Und wenn er abends kam, hat er sich über mich gefreut, weil ich das Hausmütterchen war und ihm die Hausschuhe gebracht habe. Und weil wir dann ja keine Süßigkeiten mehr hatten, brachte er mir immer ein Stück Zucker mit, das er sich vom Kaffee aufgespart hatte.

Ich hing sehr an meinem Vater. Abends, wenn wir alle am Tisch saßen und das Tischgebet gesprochen hatten, sprach der Vater immer über Politik. Und diese Gespräche haben mein Interesse für Politik geweckt. Da habe ich so verschiedene Namen gehört; zum Beispiel Piłsudski, von diesem Staatsmann hat er immer gesprochen. Oder von den Aufständen am Annaberg.

Mein Vater wurde dann immer kränker, war viel zur Kur. Als ich neun Jahre war, lag er wieder mal im Bett. Und da hab ich ihm was vorgetanzt. Aber er war nicht für Wiederholung. Er hat gesagt: »Ach Renatel, hör auf!« Da ging ich hinters Bett, und die Tränen liefen. Dabei wollte ich doch mal Schauspielerin werden! Das waren so meine ersten Versuche. Heute denke ich, dass er vielleicht einfach zu krank war und nur seine Ruhe wollte.

Im Juli wäre mein Vater 62 Jahre alt geworden. Im Juni, an einem schönen Sommertag, war Familie Reyjeck zu Besuch, und es gab ausnahmsweise mal Limonade. Am nächsten Früh, am 28. Juni 1943, beim Frühstück, war der Vater nicht unten. Wir hatten eine Veranda, da saßen wir im

Sommer sehr gern, und da kommt mein Großvater – der lebte auch bei uns – und sagte zu meiner Mutter: »Komm mal rauf ins Bad! Der Vater ist zusammengebrochen.« Und da hatte mein Vater auf der Toilette einen Gehirnschlag bekommen. Meine Mutter und mein Großvater haben ihn ins Bett getragen. Er war sofort ganz gelähmt. Konnte nicht mehr sprechen. Meine Schwester musste dann im Gewitter, im strömenden Regen, zur Schwester meines Vaters fahren und sie holen. Nachmittags um drei sagte meine Mutter: »Kinder, kniet euch hin, der Vater stirbt.« Das war mein erster Toter.

Die Beerdigung war ein Großereignis. Erst einmal diese herrlichen Begräbniswagen, von zwei Pferden gezogen. Als wir dann aus der Kirche kamen und die Straße entlangsahen - die machte da so eine Schleife - da sahen wir die vielen Trauergäste. Die ganze Straße war voll. Da waren wir schon recht stolz, dass so viele Menschen meinem Vater die letzte Ehre gaben. Die Cousine, die sich um uns Kinder während des Leichenschmauses kümmern sollte, ist mit uns auf den Rummel gegangen. Da hatte ich ein schlechtes Gewissen, dass ich an der Beerdigung meines Vaters Karussell gefahren bin. Aber wann hatte man sonst schon mal die Möglichkeit, auf den Rummel zu gehen?

Das nächste Jahr verlief ganz normal. Dann kam das Silvester 1944. Ich durfte das erste Mal Silvester aufbleiben. Unsere Verwandten spielten mit meiner Mutter Rommee. Natürlich bin ich eingeschlafen. Und um Mitternacht, als ich wieder aufgewacht war, herrschte eine komische Stimmung. Alle waren sehr gedrückt.

Dann kam der Januar. Der Ortsgruppenleiter der NSDAP stammte aus Sachsen. Seine Tochter hat immer sehr angegeben. Die war im Alter meiner Schwester. Dass sie sonntags immer badet. Das war damals nicht üblich, dass in den Wohnungen Badewannen waren. Weil mein Vater aber unser Haus neu gebaut hatte, hatten wir natürlich auch ein modernes Bad. Das warme Wasser mussten wir aber mit dem Kohleofen heiß machen. Jetzt glaube ich, dass der Ortsgruppenleiter mit seiner Familie in eine Wohnung gekommen ist, in der vorher Juden gelebt haben. Wahrscheinlich kannten die einen solchen Luxus aus Sachsen nicht.

Dieser Ortsgruppenleiter fuhr durch die Straßen und forderte die Bevölkerung auf, sich darauf einzurichten, dass am 21. Januar evakuiert werden würde. Meine Mutter half den Frauen aus Ochojetz beim Packen und Fertigmachen.

Der Großvater ist geblieben. Der wollte nicht mit.

Wir sind also an dem Tag auf den Bahnhof in Petrowitz gebracht worden. Dort war alles voller Menschen, und es herrschte ziemliche Panik. Wir mussten stundenlang auf die Züge warten, weil die Züge, die mit Kriegsmaterial Richtung Osten fuhren, Vorfahrt hatten. Da wurden wir also wieder nach Hause geschickt. An dieses Glücksgefühl erinnere ich mich heute noch: Wie wir nach Hause kamen und in unsere frischgewaschenen weißen Betten gehen konnten. Vorher hatten wir noch gebadet.

Nach ein oder zwei Tagen – ich kann mich noch an das Lied erinnern, was gerade im Radio gespielt wurde: »Ich freue mich, dass wieder Sonntag ist« – hieß es von Neuem: »Ihr müsst doch weg, hier wird Kampfgebiet.« Jetzt war die Ansage: »Wenig mitnehmen, alte Sachen mitnehmen! Ihr seid in vierzehn Tagen wieder zu Hause.« Und da hat meine Mutter zum Glück gesagt – sie ging natürlich auch wieder zu den Kriegerwitwen, um denen zu helfen – »Kinder, nehmt euch Bilder mit!«

Am 24. oder 25. Januar - es waren fünfundzwanzig Grad Kälte - holte uns wieder ein Pferdewagen ab, und wir fuhren durch die eisige Nacht. Vorbei an toten Menschen und Pferden. Mit dem Güterzug sind wir dann über die Tschechei gekommen. Dort haben wir in einer Schule auf Stroh übernachtet. Am nächsten Morgen ging es mit dem Pferdewagen weiter. Ein polnischer Kutscher hatte sich noch geweigert, uns zu transportieren. Wir mussten bei eisigen Temperaturen warten, und so kam es, dass ich mir meine Fersen erfroren habe. Zwischendurch sind wir auch mal in Güterwagen umgestiegen. Wir sind aber immer nur nachts gefahren, weil wir am Tag die Züge an die Front durchlassen mussten. Wir Kinder mussten im Gepäcknetz schlafen, wenn wir mal richtige Waggons hatten. Dabei ist auch mal ein Junge aus dem Netz auf seine kranke Schwester gefallen. Die hat man dann ausgeladen und ins Krankenhaus gebracht, weil sie dabei verletzt worden ist. Gewaschen haben wir uns mit Schnee und mit Wasser von der Lokomotive. Auch von den Fensterscheiben haben wir das Wasser aufgefangen. Auf den Bahnhöfen wurden die kleinen Kinder mit Milch und die anderen mit Tee versorgt.

Wenn wir auf deutsche Soldaten gestoßen sind, haben diese uns immer sehr geholfen. Sie haben uns von ihren Rationen abgegeben und haben sich um uns gekümmert.

Ich erinnere mich noch an eine Fremdarbeiterin, die auf einem selbstgebauten Schlitten ein Baby hinterhergezogen hat. Meine Mutter hat dann der Frau beibringen müssen, dass ihr Kind erfroren war. Sie hat dann das Kind im Straßengraben abgelegt. Mich hat das sehr berührt; ich habe das nie vergessen.

Als wir in Kirchberg in Sachsen angekommen waren, hieß es: »Wer hier aussteigen will, kann aussteigen, die anderen fahren weiter.« Und da hatte doch meine Mutter die Adresse von dem Sachsen, der bei uns Ortsgruppenleiter war, und der hatte ihr gesagt: »Frau Pawlas, wenn Not am Mann ist, gehen Sie nach Kirchberg zu meiner Schwester. Die hat auch Platz und eine Wohnung« - der Mann war auch im Krieg - »und dort können Sie unterkommen.« Und da hat meine Mutter geglaubt, na ja, da sind wir ja gut dran, wenn wir so eine Privatadresse haben. Aber dadurch sind wir eben nie in den Westen gekommen, denn der Zug ist weiter nach Nürnberg gefahren, was wir damals noch nicht wussten. Wir haben – im Gegensatz zu den anderen Flüchtlingen – niemals Entschädigung und auch sonst nichts bekommen. Nur für erlittenes Unrecht und Verlust der Heimat bekamen wir nach der Wende und nach langem Kampf viertausend Mark pro Flüchtling. Das war aber nicht für das zurückgelassene Eigentum. Herr Waigel hat damals gesagt: »Die Entschädigung für das Eigentum bleibt offen.«

Die Familie hat uns zwar aufgenommen, weil am selben Tag ein kleines Zimmer frei wurde, aus dem ein ausgebombter Herr aus Wuppertal ausgezogen war, aber Kirchberg wollte keine Flüchtlinge. Die haben gesagt: »Raus!«

Das Kriegsende erlebten wir aber noch in Kirchberg, im Luftschutzkeller. Da ist meine Mutter nur knapp einer Granate entgangen, die in den Keller geflogen kam. Ich selbst erfuhr vom Kriegsende durch ein Gespräch zweier Frauen, die vor der Toilette standen, auf der ich saß.

Die kommende Zeit war eine Zeit der Anarchie. Es gab noch keine Strukturen, Bestimmungen und Regelungen, wie es weitergehen sollte. Plünderungen waren an der Tagesordnung, weil die Menschen Hunger hatten.

Als es dann hieß, die Amerikaner gehen wieder weg, und die Russen kommen, flüchteten vor allem die Fabrikbesitzer und höhergestellten Leute.

Bei dem Abzug der Amerikaner ließen sie im Straßengraben viele Dinge zurück, die sich die Bevölkerung dann holte: Kekse, Zigaretten, Fleischdosen, Kaugummi und Nahrungsmittel.

Meine Schwester und ich waren natürlich auch dort, aber wir erkannten in unserer Naivität nicht den Wert der Zigaretten, die wir liegenließen, weil wir ja selbst nicht rauchten.

An die Russen erinnere ich mich insoweit, dass wir Kinder an ihren Feldküchen mit unseren Kochgeschirren eine Kelle Suppe mit ungeschälten Kartoffeln drin geholt haben.

Weil wir aber nicht weiter in Kirchberg bleiben durften, hat das Flüchtlingskomitee, das sich inzwischen gebildet hatte, in dem Städtchen Berga - das lag zwischen Greiz und Gera an der Elster - für uns Quartier besorgt. Der Bürgermeister dort hat gesagt, er nimmt uns auf. Dafür waren wir sehr dankbar.

Dort haben wir in denselben Baracken gehaust, in denen während des Krieges die Häftlinge aus dem KZ Buchenwald gelebt haben, die dort in einem Außenlager in den Stollen des Baderberges gearbeitet haben. Aber meine Mutter wollte dort nicht bleiben und ist selbst auf die Suche nach einer anderen Unterkunft gegangen. Man hat ihr schlechte Stuben angeboten mit feuchten Federbetten, also hat sie weiter gesucht. Da hieß es eines Tages: Beim Direktor Spieß aus der Seidenweberei aus Krefeld, der auch in Berga eine Niederlassung hatte, wird eine kleine Dachgeschosswohnung frei. Dort lebten Leute aus Wuppertal, die wegen der Bomben hergekommen waren. Als wir uns die Wohnung an einem Sonntagnachmittag angucken wollten, kamen von dort die Wuppertaler mit dem Handwagen und fuhren zurück nach dem Rheinland, und wir sind in die andere Richtung gegangen.

Dort hatten wir dann ein vergleichsweise gutes Leben, auch wenn das warme Wasser überhaupt nicht lief und das kalte nur manchmal. Stromsperren gab es ständig. Die Teppiche, stellten wir dann fest, hatten die Vorbewohner aus Angst vor Plünderungen durch die Russen, in die Einbauschränke geräumt. Die hatten dann aber die Mäuse gefressen.

Der Direktor Spieß war Attaché in Russland gewesen. An die Haustür hat er geschrieben: Wir haben amerikanische

Verwandte. So hat er gehofft, sich vor Übergriffen durch die Russen zu schützen.

Dort ging es uns ganz gut, bis auf den Hunger. Aber im Herbst konnten wir dann auf den Feldern Ähren lesen und Kartoffeln stoppeln.

Zu Hause in Ochojetz haben die Russen dann unser Haus als Kommandantur genommen, weil das das schönste Haus war. Meinen Großvater haben sie verjagt, den Hund haben sie aber behalten. Sie haben dort auch Dielen rausgerissen zum Feuern und haben ganz schön gehaust. Danach hat das Haus ein polnischer Lehrer bekommen.

Sehnsucht nach der Heimat hat mich die ganzen Jahre geplagt. Und so kam es, dass wir 2004 endlich mit einer Busreisegruppe nach Kattowitz gefahren sind. Wir waren dann natürlich auch in Ochojetz, und ich stand das erste Mal seit 59 Jahren wieder an unserem Gartenzaun. Allerdings standen dahinter jetzt so gebogene Betonträger, wie sie an den elektrischen Zäunen in den KZ verwendet wurden. Zuerst wollten uns die Frauen, die in dem Haus lebten, nicht hineinlassen. Erst im dritten Anlauf klappte es. Das Haus und der Garten waren in einem sehr gepflegten Zustand. Jetzt konnte sich auch mein Mann vorstellen, wovon ich so oft erzählte.

Die Reise hat mich noch mindestens ein halbes Jahr beschäftigt. Die Sehnsucht nach der alten Heimat ist bis heute noch da. Aber ich weiß natürlich, dass ich dort nie mehr leben könnte, und die neue Heimat in Sachsen, in der ich jetzt seit etwa 60 Jahren lebe, ist für mich mittlerweile auch so etwas wie Heimat geworden.

Renate Alt mit Dogge Bux 1937

Renate Alt mit Eltern, Schwester und Dogge Weihnachten 1937

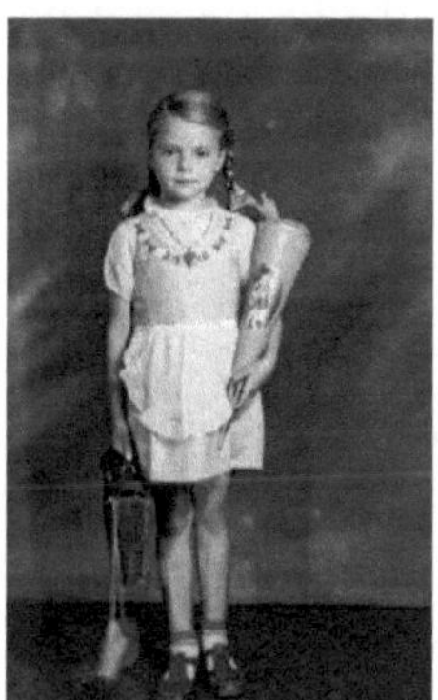

Renate Alt Schuleinführung 1940

Jochen Fiedler, geb. 1936 in Bunzlau, Schlesien

»Die Polen haben mich nicht vertrieben. Meine Vorfahren haben mich vertrieben, indem sie den Krieg angefangen haben.«

1942 kam ich dort, in Bunzlau, in die Schule. Meine Mutter war Hausfrau, wie zur damaligen Zeit ja die meisten Frauen. Mein Vater war in wechselnden Berufen tätig. Ursprünglich hatte er in der Bäckerei seines Vaters in Löwenberg das Handwerk eines Bäckers erlernt.

Mein Vater war gleich am Anfang beim Polenfeldzug dabei, ist dann entlassen worden und ist 1944 zum Volkssturm gekommen, da war er bereits 45 Jahre alt. Sein Vater, mein Großvater, hatte damals zum Abschied zu ihm gesagt: »Junge, wir sehen uns nicht wieder.«

In der Zeit, als er zu Hause war, hat er als Beckenformer bei einer Firma für sanitäre Keramik in Bunzlau gearbeitet. Das weiß ich, weil ich ihn einmal dort besucht hab und er mir die Brennöfen und alles gezeigt hat. Von dieser Firma ist er strafversetzt worden in den Kupferbergbau bei Liegnitz. Der Chef hat zu ihm gesagt: »Wenn du nicht deinen Sohn hättest, würde ich dich ins KZ bringen.« Es war bekannt, dass er links war, und er hat nie ein Blatt vor den Mund genommen. Wahrscheinlich hat er einmal zu viel gegen den Krieg oder die Nazis geredet.

Wenn wir Besuch hatten, bekam ich immer »spitze Ohren«. Ich spielte in der Nähe ganz unbeteiligt, bekam aber vieles mit, was ich damals noch nicht verstand. Die Erwachsenen haben anscheinend die Nachrichten von Radio London verfolgt, und ab und zu hörte ich, dass wieder jemand »abgeholt« wurde. Heute denke ich, dass derjenige ins KZ gebracht wurde oder sogar in der Gaskammer endete. Auch, dass in den Lagern Musik gespielt wurde, wenn die Leute »ins Gas« gingen, vernahm ich. Auch von den Ukrainerinnen hörte ich, die als Zwangsarbeiterinnen im Kupferbergbau in Liegnitz arbeiten mussten. Mein Vater hatte den Frauen erlaubt, sich im Winter Papiersäcke über die nackten Füße zu ziehen und hatte deshalb Schwierigkeiten mit Vorgesetzten bekommen. Jetzt weiß ich auch, warum meine Mutter meinem Vater immer so große Frühstückspakete mit auf die Arbeit gab.

An eine Episode erinnere ich mich in diesem Zusammenhang. Ein Lehrer in SA-Uniform an meiner Schule hat mir einmal eine Ohrfeige gegeben. Ein paar Stunden später war mein Vater bei ihm und hat gesagt: »Wenn einer meinen Jungen schlägt, bin ich das!«

Als dann die Front näher rückte und wir schon die Kanonen donnern hörten, war ich mit meiner Mutter allein. Es muss ein ziemlich plötzlicher Aufbruch gewesen sein, ich denke, es war im Februar.

Mein 84-jähriger Großvater, der zu der Zeit in einem Altersheim lebte, sollte mit einer organisierten Evakuierung Bunzlau verlassen. Das war alles angeblich gut organisiert. Wir sind getrennt weg und haben ihn nie wieder gesehen.

Meine Mutter ist mit mir und einer Freundin, die in der Heil- und Pflegeanstalt in Bunzlau arbeitete, mit einem Pferdefuhrwerk los. Das hatte die Freundin organisiert, weil sie Bekannte in Richtung Löwenberg hatte, die eine Bauernwirtschaft hatten.

Meine Mutter hat kaum etwas mitgenommen. Vieles, was wir gebraucht hätten, ist zu Hause zurückgeblieben. Ich saß in einem Sportwagen. Meistens bin ich aber gelaufen, ich war ja schon neun. Wir sind dann so drei, vier Kilometer in einem alten Bauernhof unweit von Löwenberg gelandet. Mit uns waren noch andere Flüchtlinge dort auf dem Gehöft.

Es muss etwas Hochwasser gewesen sein, weil die Wiesen überflutet und dann gefroren waren. Das Eis knisterte, und wenn wir flache Steine warfen, hüpften sie einige Male, bevor sie ins Eis einbrachen. Dort habe ich mein erstes Wort Russisch gelernt. Auf dem Hof arbeitete ein russischer Gefangener, wir Kinder hatten keinerlei Kontaktprobleme. Die Erwachsenen haben auch nichts untersagt. Dieser Russe hat mir die ersten zwei russischen Wörter beigebracht: »Nje ponimaju« – ich verstehe nicht.

Dort habe ich die Sprengung der Eisenbahnbrücke in Löwenberg erlebt. Nachts dröhnte es plötzlich, die Fensterläden öffneten sich vom Luftdruck und Mauerwerk fiel runter. Der ganze Himmel war rot. Es hat Beschuss gegeben.

Am Morgen nach der Sprengung der Brücke näherten sich dem Gebäude Schritte. Die Erwachsenen hatten Angst, weil sie nicht wussten, wer da draußen rumort. Dann die Erleichterung: Deutsche Stahlhelme tauchten auf. Das war ein Spähtrupp, der dieses Gehöft aufklären musste. Die Deutschen, die noch in ihren Stellungen an den Eisenbahnbrücken waren, haben angenommen, dass die Russen dieses Gehöft besetzt haben. Der Hof lag an so einem Berg, und oben waren tatsächlich Russen. Die Deutschen hatten versucht, das Gehöft zu beschießen, hatten aber nur Flugabwehrkanonen, die nicht tief genug abgesenkt werden konnten. Deshalb sind die Granaten immer oben drüber geflogen und in der Nähe explodiert.

Ein Soldat hat uns dann nach Löwenberg begleitet. Dort haben wir in einem Keller gesessen. In der Nähe hat es einen Einschlag gegeben, daran erinnere ich mich noch. Es kamen dann deutsche Militärautos, die haben einen Teil der Flüchtlinge aufgeladen, ein Teil blieb dort.

Mit diesen Militärwagen sind wir dann nach Dresden gefahren. Auf dem Bahnhof drängten sich die Flüchtlinge. Mit einem der letzten Züge vor dem großen Bombenangriff auf Dresden haben wir die Stadt dann wieder verlassen. Wir sind dann nach Teplitz-Schönau gekommen. Und von dort nach Schellerhau im Erzgebirge. Dort sind wir bei einem kleinen Händler, dem Inhaber eines Haushaltswarengeschäftes, untergekommen. Die haben uns in ihrem Haus mit einigen anderen Flüchtlingen aufgenommen. Dort haben wir die letzten Kriegstage erlebt.

Es kamen dann die amerikanischen Tiefflieger, »Jabos« genannt. Man sagte: In Altenberg und Zinnwald sind schon die Amerikaner. Die schossen auf jeden. Wenn da im Freien irgendwo Menschen liefen, schossen die auf sie. Es kamen aber auch russische Tiefflieger. Da hätten Sie winken können. Die hätten nicht auf Kinder geschossen. Wir haben uns vor den russischen Tieffliegern nicht versteckt. Wir konnten das ja am Motorengeräusch unterscheiden, wer kommt. Die russischen Flieger, die nannten wir »Ratter« oder »Nähmaschine«. Allerdings waren wir nicht in einem der Trecks, die beschossen wurden, da war das vielleicht etwas anders.

Einmal, wir Flüchtlinge saßen alle in einem größeren Raum beisammen, da tauchte am blauen Himmel ein rauchendes Flugzeug auf. Das war ein amerikanisches Flugzeug, was abgeschossen worden war. Von diesem Flugzeug lösten sich zwei schwarze Punkte. Wir dachten natürlich, das wären Bomben, aber das waren Fallschirme. Und ich weiß es noch wie heute: Der Wirt hatte nichts anderes zu tun, als in die Schublade zu greifen und seine Pistole rauszuholen. Den hatte das Jagdfieber gepackt. Wenn ich gläubig gewesen wäre, hätte ich gebetet, dass er keinen von diesen abgesprungenen Fliegern erwischt.

Dann war der Krieg zu Ende, und irgendwann kamen dann auch die Russen. »Frau, komm!« Ich saß auf dem

Schoß meiner Mutter, als ein Russe das zu ihr sagte. Und ich kleiner Kerl habe gesagt: »Nje ponimaju«.

Das hat den Russen so umgehauen, dass meine Mutter davongekommen ist. Ihre Freundin war dran.

Meine Mutter muss kurz nach dem 8. Mai den Entschluss gefasst haben, nach Bunzlau zurückzugehen. Bis Dresden sind wir mit der Bahn gekommen, den Kinderwagen hatte sie immer noch dabei. Nach ein, zwei Tagen hat sich dann meine Mutter mit einigen anderen Familien zu Fuß in Richtung Görlitz begeben. Unterwegs haben wir in verlassenen Häusern geschlafen, ab und zu fand sich im Keller noch ein Glas »Eingewecktes«. In Görlitz am Untermarkt lebte von meiner Mutter ein Cousin. Wir haben im Hotel »Zum Stern« in der Luisenstraße 19 gewohnt und waren nur ein paar Mal bei diesem Cousin, um etwas zum Essen zu bekommen. Ich erinnere mich an die »rohe Kartoffelsuppe«, auch »Zottelsuppe« genannt, bestehend aus geriebenen Kartoffeln. Wir haben keine Lebensmittelkarten bekommen, weil wir keine Görlitzer waren. Es hat sich niemand um uns gekümmert in Görlitz, und ich empfinde das heute auch noch als skandalös, dass die Administration in Görlitz die eigenen Leute behandelt hat, als wenn sie nicht da wären. Es müssen sechs Wochen gewesen sein, denn meine Mutter erzählte immer, dass wir sechs Wochen gehungert haben. Ich erinnere mich noch genau, dass wir ein Säckchen Mohn hatten. Und abends durfte ich immer einen Teil mit einer Kaffeemühle mahlen, und wir haben den Mohn gegessen.

Irgendwann kam das Gerücht auf, dass in Görlitz am Industriebahnhof ein Güterwagenzug steht, der Richtung Schlesien fahren soll. Das war im östlichen Teil von Görlitz, jenseits der Neiße, wir waren in Westgörlitz. An der Stadthalle in Görlitz hatten die Russen eine provisorische Brücke gebaut, weil das Viadukt gesprengt worden war. Und wir sind fast die Letzten gewesen, die über diese Brücke gegangen sind, nach uns wurde die Grenze geschlossen. Mein Onkel Martin, der in Bunzlau ein kleines Tabakwarengeschäft hatte, der wollte mit seiner Familie auch zurück, aber sie sind wenige Tage nach uns nicht mehr über die Neiße gekommen.

Wir sind also zu dem Bahnhof gekommen, zusammen mit vielen anderen Rückkehrern. Es waren auch keine geschlossenen Waggons, es waren Plattenwagen. Die Fahrt nach Bunzlau war fürchterlich, weil wir wahrscheinlich Umwege gefahren sind, so dass wir lange unterwegs waren. Auf diesen kleinen Bahnhöfen – Kohlfurt, Sagan und Lauban – fuhr der Zug langsam und wurde von marodierenden Banden geentert. Das waren Jugendliche, die uns ausgeplündert haben. Wir sind zum Glück verschont geblieben. Bunzlau kam näher, der Zug fuhr langsamer, es sprangen welche ab, meine Mutter hat sich aber mit mir nicht getraut. Also sind wir weitergefahren, bis der Zug endlich in Liegnitz hielt. Wir mussten uns also wieder zu Fuß zurück nach Bunzlau aufmachen.

Meiner Mutter ging es nicht gut, die hatte es mit dem Herzen. Als wir bereits einen Teil des Weges zurückgelegt hatten und gerade im Straßengraben rasteten, tauchten auf der Straße russische Panjewagen auf. Und die haben uns alle aufgeladen. Ich saß zwischen zwei Russen vorn auf dem Bock. Und ich hatte Angst. Wir sind bis an den Stadtrand von Bunzlau gefahren, wo heute noch die Kasernen stehen. Als sie hielten, hat der eine Russe den Bock aufgemacht und ein Brot hervorgeholt. Das war das erste Brot, was ich nach sechs Wochen bekommen hab.

Dann hat er mir irgendwie klargemacht, dass ich am nächsten Nachmittag vor die Kaserne kommen soll. Ich war dort, und er kam. Mit Esswaren. Ein paar Büchsen, ich glaube, es war sogar etwas Schokolade oder Kakao dabei. Das hat mein Verhältnis zu den Russen geprägt.

Ich hab dann zwei Jahre unter Russen gelebt, mit allen auch negativen Erlebnissen.

Unsere Wohnung war natürlich verwüstet. Wahrscheinlich haben die das Foto von meinem Vater als Unteroffizier gesehen. Jedenfalls waren darauf die Augen herausgeschnitten und das Gesicht zerkratzt. Da werden sie sich natürlich dementsprechend verhalten haben. Zum Glück konnten wir noch einige Fotos retten. Wir konnten also dort nicht wohnen und haben uns einfach in irgendeiner Straße eine Wohnung gesucht. Die Hälfte von Bunzlau hat leergestanden. Zum Schluss haben wir am Kreuzweg in der Nummer zwei gewohnt.

Die Zerstörungen der Häuser in Bunzlau sollen übrigens nicht durch Kämpfe, sondern durch Freudenfeuer der Russen nach Kriegsende entstanden sein.

Meine Mutter hat zusammen mit anderen Frauen sechs Wochen in einer Wäscherei Soldatenwäsche gewaschen. Die Wäscherei befand sich im Keller der Villa eines ehemaligen Bunzlauer Sägewerksbesitzers. Jeden Mittag kam ein Muschkote mit dem Eimer Kapusta – Krautsuppe, wo oben drauf so eine Fettschicht schwamm -, und da waren wir wieder gut ernährt. Das Schöne war, dass die Russen die oberste Etage ausgeräumt hatten, und da muss ein Kinderzimmer gewesen sein, weil unten dann unheimlich viel Spielzeug im Dreckhaufen vor dem Haus lag. Das waren Kinder von betuchten Leuten, die hatten damals Märklin-Metall-Baukästen, und wir bauten aus den Schrauben, Muttern und Rädern, die wir aus dem Dreck klaubten, allerhand Geräte und Fahrzeuge. Im Keller der Villa fand ich ein Paar »Brettl – Skier«. Wir Kinder hatten auch Schlittschuh erbeutet und liefen auf dem zugefrorenen Feuerlöschteich. Das war für uns Kinder eine Abenteuerzeit.

Danach ist meine Mutter zu der Familie eines Majors gekommen als Aufwartefrau. Mit seiner Frau und zwei Kindern hatte der eine Villa besetzt. Das war für uns natürlich von Riesenvorteil. Erstens hatten wir zu essen. Zweitens hatte sich natürlich unter den Soldaten herumgesprochen, wenn die einen in der Krone hatten und die gingen nachts auf Streifzug: Nicht in dieses Haus!

Eine unangenehme Episode war dies: Man schloss die Wohnung damals nicht ab. Man zog einfach die Klinke heraus. Fertig. Eines Tages luchsten mir ein paar Soldaten die Klinke ab. Und als meine Mutter abends nach Hause kam, war unsere ganze Wohnung ausgeräumt. Alles, was wir selbst uns zusammengestohlen hatten, war uns wieder weggestohlen worden. Das war nicht so dramatisch, aber irgendwie muss meine Mutter das im Hause des Majors erzählt haben. Ein paar Tage später kamen Bewaffnete zu mir: »Komm!«

Und dann standen in der Eisengießerei Wiesner sechs oder sieben Russen in einer Reihe, und ich musste den zeigen, der mir die Klinke weggenommen hat. Der wurde dann weggeführt. Was mit ihm passiert ist, weiß ich nicht. Später habe ich mir noch oft gesagt: Hättest du doch bloß mit dem Kopf geschüttelt! Viel später habe ich erfahren, dass Stalin zu diesem Zeitpunkt einen Befehl herausgegeben hat, dass Plünderer erschossen werden. Das ist eine für mich sehr bedrückende unangenehme Erinnerung, an der ich natürlich nichts ändern kann.

Eine andere schlimme Erinnerung war diese: Es muss im ersten Nachkriegswinter gewesen sein. Wir fuhren mit den erbeuteten Skiern aus der Villa im Winter durch den Wald, und da kamen wir an eine notdürftig aufgeschüttete Grube. Schneebedeckt. Da lagen drei, vier, nackte blaugefrorene Frauenleichen drin. Notdürftig verscharrt, hingeworfen in den frischen Schnee. Das waren Frauen aus der Anstalt, vermute ich heute.

Mir hat ein Russe nie etwas getan. Und meine Mutter ist gottseidank verschont geblieben.

So etwa 1946 kamen viele Panjewagen. Das waren die Polen, die von den Russen im Osten vertrieben worden waren. Die Polen waren unangenehmer als die Russen, das muss ich leider sagen. Vor den Russen haben wir keine Angst gehabt. Die Polen vertrugen sich nicht mit den Russen, es kam zu Schießereien. Zu den polnischen Kindern habe ich keinen Kontakt gehabt.

Dann kam die Zeit, wo sich langsam rumsprach, dass wir ausgesiedelt werden sollten. Die zwei Jahre, die wir dort gelebt haben, waren ohne Schule, das war für mich wunderbar. Wir erfuhren von der Möglichkeit, in Polen zu bleiben unter der Bedingung, dass wir unseren Namen verpolnischen. Fiedlerowski oder so ähnlich. Das kam aber für meine Mutter nicht in Frage.

Auch anderthalb Jahre nach Ende des Krieges wussten wir nicht, wo mein Vater ist. Eines Tages, wir waren alle zu Hause im Kreuzweg, kam ein russischer Soldat: »Suchen Gerda«. Da die Russen ja kein H sprechen konnten, musste es wohl »Herta« heißen. Meine Mutter hieß Herta. Es stellte sich dann raus, dass mein Vater damals auf etwas dubiose Weise mit Hilfe einer russischen Lagerärztin aus dem Gefangenenlager bei Glogau entkommen war und nachts an unserer Wohnung vorbei durch Bunzlau auf den Weg nach Görlitz gekommen ist.

In Görlitz hatte er als Hofarbeiter angefangen. Zum Konsum Görlitz gehörte eine Großbäckerei, die mein Vater später als Betriebsleiter noch geleitet hat. Und diese Bäckerei versorgte bis Bunzlau die russischen Garnisonen mit Brot. Und da hat er also einen von den Brotfahrern gebeten, sich nach mir und meiner Mutter umzugucken. Und dieser Muschkote hat uns dort im Kreuzweg entdeckt. Und so haben wir 1947 unseren Vater wiedergefunden.

Im Januar 1947 kam dann dieser üble Evakuierungstransport. Die Freundin meiner Mutter arbeitete bei einem sogenannten Nationalpolen. Dadurch hatte sie eine Beziehung zu der entstehenden Administration. Die haben die ganzen Umsiedler erfasst und alles organisiert. Und die hat bewirkt, weil sie so wichtig war für den Haushalt, dass sie bleiben konnte. Und meine Mutter auch. So sind wir gottseidank nicht mit dem Januartransport auf Reise gegangen. Da haben sie ja die Toten aus dem Waggon geschmissen. Da sind ja so viele erfroren, es waren damals über zwanzig Grad Kälte. Die waren zehn Tage für die kurze Strecke unterwegs. Keinerlei Verpflegung.

Dadurch sind wir erst im Frühjahr 1947 evakuiert worden. Wir sind dann irgendwo, vielleicht bei Hoyerswerda, in so einem Auffanglager gewesen. Quarantäne, Typhusimpfung und so weiter. Mein Vater muss irgendwann davon erfahren haben, denn eines Tages stand er vorm Lager und wir wurden dann auch nach kurzer Zeit entlassen.

In Görlitz bekamen wir dann eine kleine Wohnung zugewiesen, ein Zimmer im ersten Stock, da lebten wir alle drei. Es war nicht einfach für meine Eltern, wieder zueinander zu finden. Meine Mutter hatte zwei Jahre lang jeden Entschluss selbsttätig fassen müssen und ist in Situationen gewesen, die ihr alles abverlangt haben. Und plötzlich war der Mann wieder da, und sie hatte weniger zu sagen.

Aus Neugier bin ich dann nach der Wende, etwa 2010, das erste Mal zusammen mit meiner Frau wieder in Bunzlau gewesen.

Wir waren dann noch ein zweites Mal mit meiner Tochter und meiner Frau dort, um mein Geburtshaus zu sehen. Wir waren angenehm überrascht vom Äußeren des Hauses. Rundherum standen schön sanierte Villen. Ich habe immer gesagt: »Ohne Dolmetscher gehe ich nicht hin! Ich will nicht aussehen wie einer, der sein ehemaliges Eigentum fotografiert.« Wir sind dann doch hin. Und eine junge Polin hat uns mit in ihre Wohnung genommen, die unter unserer damaligen lag. Die Bewohner waren verreist, aber der Grundriss war derselbe. Weil eines ihrer Kinder schwer krank war, haben wir ihr einen Tag später noch was hingebracht. Auch die Villa gegenüber, in der die Kinder wohnten, mit denen ich damals gespielt habe, war noch genauso wie damals. Der Zaun, wo wir uns nicht getraut hatten runterzuspringen und die Wiese dahinter, alles war wieder da in meiner Erinnerung. Nur auf meinem ehemaligen Skigelände stehen jetzt alles schicke Villen. Die Stadt ist wunderschön gemacht, Cafés, das Rathaus, wo wir als Kinder mal oben auf dem Turm waren.

Ein letztes Mal besuchte ich Bunzlau auf der Rückreise von einem Kurzurlaub im Eulengebirge. Und wieder war ich überrascht von der schönen, sauberen Stadt. Und ich fand immer hilfsbereite Menschen, meistens Jüngere, und die Sprachschwierigkeiten spielten keine Rolle. So half mir zum Beispiel ein junger Angestellter auf dem Rathaus, den Kreuzweg zu finden, in dem wir nach der Rückkehr nach Bunzlau untergekommen waren. Es stellte sich heraus, dass es diese Straße nicht mehr gibt und an Stelle der damaligen Häuser steht jetzt ein Neubaugebiet. Ich stieß auf keinerlei Ressentiments – möge es so bleiben!

Ich könnte niemandem Schuld zuweisen, der dort lebt. Ich komme aus einem geteilten Land, ich habe meine Heimat verloren. Die Polen haben mich nicht vertrieben. Meine Vorfahren haben mich vertrieben, indem sie den Krieg angefangen haben Und ich kann nicht verstehen, wie sie sich heute wieder in Donezk und Luhansk die Köpfe einschlagen.

Jochen Fiedler in Bunzlau, 1938

Jochen Fiedler Schuleinführung 1942 in Bunzlau

Dr. Erich Kerkhoff, geb. 1936 in Liebenzig bei Neusalz, Kreis Freystadt, Niederschlesien

»Heute denke ich, dass wir eigentlich Glück gehabt haben, dass wir nicht in die Kriegswirren hineingekommen sind.«

Wir haben etwas außerhalb von Liebenzig gewohnt. Mein Vater hatte dort ein Sägewerk an einer Bahnstation. Mein Vater kam aus dem Rheinland, aus Duisburg. Er hatte Kaufmann gelernt. Seine Eltern waren Kleinhandwerker. Sein Vater war Malermeister. Im Duisburger Hafen hat er die Schiffe entrostet und angestrichen. Als mein Vater während der Wirtschaftskrise arbeitslos wurde, ist er auf Wanderschaft gegangen. Irgendwo in Norddeutschland hat er dann den Bruder meiner Mutter getroffen. Und der hat gesagt: »Du bist doch arbeitslos, komm doch mit zu uns, meine Eltern haben Geld, und du kannst dann meine Schwester heiraten!« So ist es dann auch gekommen.

Meine Großeltern mütterlicherseits waren Großbauern gewesen, und die haben den Bau des Sägewerks nach der Heirat finanziert. Da mein Vater Kaufmann gelernt hatte, hat er dann das Sägewerk geführt. Er hat für seine Familie neben dem Werk ein Haus bauen lassen.

1936 wurde ich dann geboren, anderthalb Jahre später meine Schwester. Ich sollte in den Kindergarten gehen. Der war in einem Haus, in dem vorher die einzige jüdische Familie aus dem Dorf gelebt hatte, die dann aber enteignet wurde. Das haben mir meine Eltern erzählt. Im Kindergarten hat es mir nicht gefallen, und ich bin ausgerissen. Da durfte ich dann zu Hause bleiben.

Eingeschult wurde ich in der kleinen Grundschule des Dorfes mit zwei Klassen in einem Raum. Am Anfang habe ich geheult, weil ich jetzt in die Schule musste. Ich war vorher nicht groß mit anderen Kindern zusammengekommen, weil wir außerhalb des Dorfes wohnten. Da musste sich meine Mutter in der ersten Stunde zu mir setzen, bis ich mich dann beruhigt hatte. Einmal hatte ich die Mathematikhausaufgaben nicht richtig verstanden, da hat mich mein Vater vorn aufs Fahrrad gesetzt und ist mit mir zum Lehrer gefahren, der auch in dem Dorf wohnte, und der es mir dann nochmal erklären musste.

Wir hatten im Ort auch zwei Kirchen, eine evangelische und eine katholische. Die katholische Kirche lag auf einem Berg. Und dort bin ich dann im Winter mit dem Schlitten runtergefahren. Einmal ging der Schlitten kaputt, als ich gegen einen Baum gerodelt bin. Da habe ich natürlich geheult und bin nach Hause mit dem kaputten Schlitten. Aber der Zimmermann im Ort hat ihn wieder repariert.

Vom Krieg haben wir nichts mitgekriegt. Nur einmal zeigte mein Vater in den Himmel, da war eine feindliche Bomberstaffel, die wahrscheinlich nach Breslau flog.

Mein Vater war nicht in der Partei, aber ich glaube, er hat das Nazisystem gutgeheißen. Er hatte seinen Beruf, und in dem Dorf, da gabs nicht viel Politik.

Im Dorf lebten auch Kriegsgefangene, die auf den Höfen halfen, und die wurden abends von einem Soldaten eingesammelt und zu ihrer Unterkunft – ich glaube, in einen Gasthof in den Saal – gebracht. Meine Großeltern, die hatten ein Mädchen aus Russland und auch einen Mann aus der Ukraine, die dort auf dem Gut geholfen haben. Die durften nicht am Mittagstisch mitessen. Die mussten an einem Extratisch sitzen.

Mein Vater hatte von einer Scharlacherkrankung als Jugendlicher einen Herzfehler und wurde deshalb nicht eingezogen. Eines Abends, es muss im Januar gewesen sein, wurden die Dorfbewohner zusammengeholt, und es wurde ihnen mitgeteilt, dass die Front näherrückt und sie deshalb in den nächsten zwei Tagen ihre Sachen packen müssen und sich in einem Treck zusammenstellen lassen müssen.

Meine Großeltern hatten ja vier Pferde, und mit diesen Pferden wurden zwei Wagen mit Hilfe des Fremdarbeiters aus der Ukraine bespannt, und damit fuhren sie dann in dem Treck mit, zusammen mit meiner Mutter, mir und meiner Schwester. Mein Vater konnte nicht mit, weil er zum Volkssturm eingezogen wurde. Er kriegte dort aber eine Hämorrhoiden-Entzündung und wurde gleich ins Lazarett gebracht. Er wurde noch vor der Front ausgefahren.

Auf dem Wagen hatten wir sehr viel zu essen mit, das weiß ich genau. Essen und Bettdecken. Und irgendwo da drin saß auch ich.

Ein Pferd wurde uns dann weggenommen von der Wehrmacht, ein anderes wurde von dem Zwangsarbeiter genommen, mit dem er wohl zurück in seine Heimat ist.

Zuerst mussten wir über die Oder. Jenseits der Oder hatten wir dann die erste Übernachtung. Das war in der leeren Wohnung von einem Zahnarzt, der schon abgehauen war. Als ich das Kinderzimmer gesehen habe, hab ich geheult und wollte dortbleiben, weil das so schön war. Danach haben wir im Saal eines Gasthofes übernachtet, da hatte man Stroh auf dem Boden ausgeschüttet, und da mussten wir zusammen mit den anderen Leuten schlafen.

Wir kamen dann nach Sachsen, nach Leipnitz bei Grimma. Dort sind wir auf einem Rittergut untergekommen, in den Räumen, wo die Knechte schliefen. Das war über dem Stall. Und dort ist mein Opa dann immer unruhiger geworden und kriegte dann einen Schlaganfall von der Aufregung. Der starb dann in dem Zimmer, wo wir schliefen.

Dort haben wir auch das Kriegsende erlebt, als mein Opa noch lebte. Wir standen auf dem Hof, und da kam ein Tiefflieger, der schoss. Und da hat mein Opa sich hingeschmissen, und ich hab mich auch gleich auf die Erde geschmissen. Zuerst kamen ja die Amerikaner dahin, aber ich habe keinen gesehen. Ich weiß aber, dass meine Eltern und Großeltern Angst hatten vor den Russen, die ja danach kamen. Aus Angst, dass die was klauen, haben sie immer die Wertsachen – die Betten zum Beispiel – zum Fenster rausgehängt. Daneben war nämlich der Friedhof, und der war nicht begangen. Ich habe aber keinen Russen gesehen.

Ich hatte in dem Ort keine Schule, die fiel ja dann aus, und verlor dadurch ein Schuljahr. Dort in Leipnitz waren wir vielleicht ein Dreivierteljahr. Dann kam mein Vater aus dem Lazarett zu uns, der hatte die Adresse irgendwie bekommen. Der hat dann in Otterwisch, das ist auch ein Ort im Kreis Grimma, mit noch einem zusammen, wieder ein Sägewerk gepachtet. Da sind wir dann auch dorthin gezogen. Das mit dem Sägewerk ging aber nicht lange gut, er hat wohl pleitegemacht. In Otterwisch haben wir zuerst in einem Kindergarten gewohnt. Das war eine Baracke.

Dort hatte mein Vater mal eine Begegnung mit einem Russen. Ein russischer Offizier besuchte uns und brachte auch Schnaps mit. Und den musste mein Vater mit ihm zusammen trinken. Das weiß ich noch, weil er danach betrunken war.

Als der Kindergarten wieder aufgemacht werden sollte, mussten wir raus, und da zogen wir in das Schloss des Ortes. Die Schlossbesitzer waren ja fast alle nach dem Westen abgehauen, genau wie die in Leipnitz.

Wir hatten dort ein Zimmer, es war hundekalt in den Räumen. Irgendwann kam dann die Bodenreform. Und da haben wir dann Neubauer gespielt. Wir haben ein Stück Land gekriegt, und an dem Schloss war das Rittergut dran, und da haben wir dann in den Ställen dort die Viecher gehalten. Ich habe dann die Milch weggeschafft, die wir von unserer Kuh abliefern mussten.

In Otterwisch bin ich dann wieder in die Schule gekommen, bis ich den Abschluss der achten Klasse mit Fünfzehn gemacht hatte. Nach der Schule musste ich natürlich mit aufs Feld. Rüben verziehen, Kartoffeln lesen und solche Sachen. Spaß hat mir das nicht gemacht.

Mein Vater hat seine neue Tätigkeit mit Bravour gemeistert, obwohl er den Herzfehler hatte. Er musste zum Beispiel das Getreide in Säcken auf dem Rücken hoch auf den Boden des Schlosses schleppen. Da hat er mir mal gezeigt, wie sein Herz bubberte.

Später wurden wir dann umquartiert ins Inspektorhaus, das war ein Gebäude in dem Rittergut. Wir hatten immer genug zu essen. Wir mussten nicht hungern. Ich weiß aber noch, dass aus Leipzig die Leute mit dem Zug gekommen sind und gebettelt haben. Manche wollten auch tauschen. Wir haben da mal einen Detektor gekriegt, das ist sowas, wo man Radio hören konnte. Das hatte einer gebaut, und das hat er uns gegeben für Kartoffeln oder irgendwelche anderen Lebensmittel.

Einmal war ich allein in der Wohnung, die Eltern waren auf dem Feld, und da kam eine Frau und ich habe gesagt: »Ich bin allein, ich kann Ihnen nichts geben.« Und da hat sie gesagt: »Dann warte ich solange, bis die Eltern kommen.« Das war so ein bisschen Druck auf mich, wodurch ich das Erlebnis behalten habe.

Ich habe dann auch noch erlebt, wie die LPG losging. Im Konsum bei uns im Ort im Schaufenster hatten sie von den Großbauern Würste und Schinken ausgestellt, die verschimmelt waren. Ich weiß jetzt, dass der Schimmel zur Reifung dieser Lebensmittel dazugehörte. Das wurde aber damals als Beispiel für schlechte Wirtschaft der Bauern hingestellt. Es folgte dann die Zwangskollektivierung.

Die Eltern meines Vaters lebten ja noch in Duisburg. Als die starben, ist er zur Beerdigung nach Duisburg gefahren und ist dann drübengeblieben. Er ist in die Wohnung seiner Eltern gezogen. Weil meine Mutter mit meiner Großmutter dann allein war, konnten sie natürlich das Neubauerngut nicht weiterführen und haben es der LPG übergeben.

Meine Großmutter wollte unbedingt wieder zurück nach Liebenzig. Weil es immer hieß: Wenn der Krieg zu Ende ist, dürfen wir zurück.

Aber daraus wurde ja dann nichts. Viel später, als ich schon meinen Beruf und ein Auto hatte, sind wir dann – kurz bevor die Grenze wegen der Solidarnosc dicht gemacht wurde – nochmal nach Schlesien gefahren und haben das Sägewerk bzw. das Wohnhaus aufgesucht, also meine Schwester, meine Mutter und ich. Die Besitzer haben uns aber erst nicht in das Wohnhaus gelassen. Der Besitzer fragte dann aber, ob wir ihn nach Neusalz auf der Rückfahrt mitnehmen könnten, er wollte dort jemanden besuchen. Wir haben Ja gesagt, und da hat er uns dann ins ehemalige Wohnhaus gelassen. Die Einrichtung war noch genauso, wie ich sie in Erinnerung hatte. Es war der Pole, der das Sägewerk führte.

Der Besuch hat mich emotional nicht groß bewegt. Ich war ja noch ein Kind, als wir flüchten mussten. Heute denke ich, dass wir eigentlich Glück gehabt haben, dass wir nicht in die Kriegswirren hineingekommen sind. Ich kenne einen Fall aus Leipzig, deren Eltern ein Großgut hatten, und die blieben dort, bis die Kriegsfront vorbei war. Sie sind in den Wald gezogen und haben sich dort versteckt. Und als die Front vorbei war, sind sie wieder in ihr Gut. Und da wurden sie dann von den Polen rausgeschmissen, ohne Mitnahme von viel Eigentum.

Rückblickend konnten wir am Kriegsende unser Leben retten, was nicht allen Flüchtlingen gelang. Der Verlust von Heimat und Eigentum hat mich nicht so schwer getroffen, da ich es als Kind erlebte.

Elisabeth Völkerling, geb. 1937 in Lauban, Schlesien

»Wir hatten alles verloren, das Silber, den Schmuck, aber die doofen Schlüssel, die nicht mehr passten, die hatte sie noch.«

Ich bin geboren am 11.4.37 in Lauban. Mein Vater stammt aus Görlitz auf der jetzt polnischen Seite, und meine Mutter stammt aus Zeitz in Thüringen. Die haben sich in Görlitz kennengelernt. Mein Großvater war Möbeltischler. Der wurde versetzt nach Görlitz, und so ist meine Mutter mit ihren Eltern nach Görlitz gekommen. Dort hat sie meinen Vater kennengelernt. Der war auch Tischler, konnte den Beruf aus gesundheitlichen Gründen aber nicht ausführen. Mein Vater war aus einem sehr christlichen Elternhaus und hat bei der evangelischen Kirche eine Qualifikation gemacht zum Arbeitersekretär. Heute würde man sagen: Psychologe. Er hatte die Aufgabe, die Leute, die Hilfe suchen, zu beraten und zu begleiten. Und da war er fest angestellt bei der Kirche, konnte auch davon leben, hat seine Familie gegründet, ein Haus in Lauban gebaut. 1933 war das Haus fertig, und 1934 ist mein Bruder geboren worden. Mein Bruder ist drei Jahre älter als ich und meine Schwester ein Jahr jünger.

Mein Vater wurde gleich 1939 eingezogen, da war ich ja erst zwei Jahre alt. Er war mal während des Krieges im Urlaub da, da habe ich noch eine vage Erinnerung. An die ersten Jahre des Krieges habe ich überhaupt keine Erinnerung mehr. Nur dann zu Kriegsende, als die Russen immer näherkamen und die Fliegeralarme immer schlimmer wurden.

Meine Mutter ist mit so einer Sirene, die man kurbeln musste, die Straße rauf und runter gegangen, in Absprache mit anderen Frauen. Das wurde irgendwie eingeteilt. Wir sind dann immer in den Keller gegangen und haben gewartet, bis Entwarnung war.

In Lauban bin ich auch eingeschult worden, da gabs auch ein Fest, aber mein Vater war auch da nicht dabei. Bis 1945 sind wir in die Schule gegangen. Und am 13. Februar, als Dresden so bombardiert wurde, mussten wir raus. Wir sind zur Reichsbahn gefahren worden, und da haben die natürlich die Frauen mit Kindern zuerst aufgeladen. Wie meine Mutter zu der Info kam, sofort zu gehen, das weiß ich nicht, ich weiß nur noch, wie wir ganz schnell Sachen packen mussten. Wir haben zwei Kleider angezogen, und jeder durfte ein Teil mitnehmen, das er dann tragen musste. Und wir haben noch so einen Kindersportwagen gehabt, da haben wir Koffer reingestellt. Meine Mutter hat auch zwei Koffer getragen. Und da sind wir in die Bahn, in einen Personenzug, und den ganzen Tag umhergefahren. Es ging ja nicht vorwärts. Wir sind bis Dippoldiswalde gefahren. Ein Stück dahinter blieb der Zug stehen. Da hieß es: Es geht nicht weiter, die bombardieren wieder. Und wir haben es auch krachen hören und schon die ersten Rauchwolken gesehen von der Bombardierung Dresdens. Wenn der Zug bis Dresden weitergefahren wäre, wären wir tot gewesen.

Wir standen dann dort ein paar Tage und wurden durch Rot-Kreuz-Schwestern verpflegt. Die hatten so Bauchläden um und haben daraus immer etwas in den Zug reingereicht. Mit Toilette wurde es natürlich mit der Zeit schwieriger. Wasser gabs auch nicht. Die Leute wurden ungeduldig und heulten, und die Kinder schrien und wollten raus, das war schon schwierig.

Dann sind wir kleckerweise weiter bis Neustadt in Sachsen. Mir scheint, wir sind auch nochmal umgestiegen in einen anderen Zug. Als wir in Neustadt ankamen, war meine Mutter krank. Die hatte eine Lungenentzündung gekriegt und war schwer krank. Und da haben sie uns irgendwie rausgeholt, und wir sollten dortbleiben. Da sind wir in eine Wohnung eingewiesen worden von einer Krankenschwester, die im Feld war. Und dort hatten wir eigentlich eine schöne Wohnung. Und da waren wir drei Wochen. Meine Mutter lag krank im Bett, aber es gab eine Nachbarin, die immer mal nach uns geschaut und uns versorgt hat.

Im März und April sind wir irgendwo wieder rumgezogen. Auf Lastern oder in Viehwagen wurden wir immer stückweise transportiert. Ich weiß aber nicht, welches Ziel wir hatten. Wir waren immer auf Hilfe von Rot-Kreuz-Leuten und freiwilligen Helfern angewiesen. In den Viehwagen war es schrecklich kalt, und wir hatten immer Angst, dass unsere Mutter stirbt und wir dann alleine sind.

Einmal haben wir auch unseren Bruder verloren. Der wollte noch irgendwas holen und hat sich von uns entfernt, und der Treck fuhr weiter. Meine Mutter natürlich in tausend Ängsten. Aber er stieß dann irgendwo wieder zu uns. Auch im Heu haben wir mal geschlafen. Wenn die Stadt uns nicht aufnehmen konnte, wurden wir in der Schule untergebracht oder in einer Scheune. Und es wurde Stroh auf dem Boden ausgelegt, einmal hatten wir auch mit Stroh gefüllte Säcke. Wir wurden also immer mal wieder abgeladen, und dann gings weiter Richtung Westen. So sind wir bis nach Bayern gekommen. Am 7. Mai hatte meine Schwester ihren 6. Geburtstag, den haben wir noch im Zug gefeiert. Da hatte meine Mutter irgendwo unterwegs so ein kleines Püppchen besorgt. Das war das große Geburtstagsgeschenk für meine Schwester. Die hat sich riesig gefreut.

Am 8. Mai sind wir in Simbach am Inn. Und da kommt ein Soldat durch den Zug und fragt, ob jemand aus Schlesien ist. Meine Mutter hat sich gemeldet und ihm erzählt, woher wir kommen. Da hat er gesagt: »Jetzt könnt ihr wieder nach Hause fahren. Der Krieg ist zu Ende.«

Alle Leute haben sich angeguckt, die haben das ja nicht geglaubt.

Simbach hat die gleiche Konstellation wie Görlitz. Am gegenüberliegenden Ufer liegt Braunau. Also die Grenze zwischen Bayern und Österreich.

Wir sind dann ausgestiegen, der Zug wurde geräumt. Dann kam jemand von den Gemeinden, die ihre Bürger gefragt haben, wer Flüchtlinge aufnehmen kann. Da waren am Bahnhof Leute, die immer gesagt haben: Wir können so viel oder so viel aufnehmen. Und so sind wir in Bayern auf ein Dorf gekommen, nach Ramading. Ein Lastwagen kam und hat unser weniges Gepäck und uns aufgeladen. Wir wurden in einem Zweifamilienhaus abgesetzt, da war wieder die oberste Wohnung leer, weil auch diese Krankenschwester im Krieg war. Die Wohnung war leer, ohne Möbel. Die Hauswirtsleute, denen das Haus gehörte, das waren Eisenbahner, die hatten zwei Kinder. Und er hat für uns gleich die Möbel organisiert.

Und dann kamen Bauersleute mit Essen, wie im Himmel war das. Wir waren natürlich auch ausgehungert und dreckig und stanken sicher. Ich fand die Zeit in Bayern wunderschön, heute noch. Meine Mutter saß oft abends da und weinte, und ich konnte es immer nicht verstehen. Es war doch gar nicht so schlimm! Aber heute kann ich es verstehen, sie hatte natürlich Sorgen. Wir haben von meinem Vater den letzten Brief im Januar gekriegt. Er hat immer gesagt: »Ich komme sicher nicht wieder.« Das hat er beim letzten Urlaub im Herbst meiner Mutter erzählt. Da hatten meine Großeltern Goldene Hochzeit, da hat er Heimaturlaub gekriegt, da war er in Uniform da. Da hat er seinen Trauring dagelassen und hat gesagt: »Ich werde wahrscheinlich nicht wiederkommen. Richte dich drauf ein! Aber du hast das

Haus, du kommst mit den Kindern durch, und da musst du dich eben kümmern. Und die Kirche, die hilft dir sicher.«

Er ist eigentlich von dannen gegangen in der Hoffnung, dass die Familie überlebt. Aber mit der Ahnung, dass er wahrscheinlich nicht überleben wird. Eigenartigerweise ist mein Vater im Krieg – er ist in Russland gewesen und dort in Sibirien seit Januar vermisst – Dolmetscher geworden. Er hat dort Russisch gelernt und ist dort als russischer Dolmetscher eingesetzt worden. Er hat nämlich eine Abschlussprüfung als Dolmetscher in Russisch geschrieben, seinen Lebenslauf. Den hab ich mal übersetzen lassen, nach dem Tod meiner Mutter haben wir ihn in ihren Sachen gefunden. Für mich ist heute noch eigenartig, wie er dazu gekommen ist, Russisch zu lernen und als Dolmetscher zu arbeiten.

Jedenfalls saßen wir da in Bayern, und meine Mutter hatte nichts Eiligeres zu tun, als uns für die Schule anzumelden. Das hat uns natürlich nicht gepasst. Wir wären gerne da rumgestromert. Mein Bruder, der war damals schon landwirtschaftsaffin, der ist dort zu einem Bauern gegangen und hat dort mitgeholfen. Heu angereicht oder Futter. Und das hat ihm gefallen. Die Bauern haben ihm dann was zu essen gegeben. Einmal ist er abends nicht nach Hause gekommen, meine Mutter in tausend Ängsten. Da ist sie dann hingegangen zu dem Bauern: »Haben Sie meinen Sohn gesehen?«

»Ja, der schläft dort.«

Die Mutter hat dann den Bauern gefragt, ob das in Ordnung ist, wenn der sich dort aufhält, und der Bauer hat Ja gesagt.

Die Bauersfrau hatte einen debilen Sohn, der sah ein bisschen zum Fürchten aus. Wir sind auch manchmal hingegangen. Die Bauern hatten auch Flüchtlinge, die hatten Tschechen.

In dieser Zeit in Bayern haben wir Kinder nicht gelitten. Wir hatten immer zu essen, wir hatten eine schöne Wohnung – wir sind bis zum Spätsommer 1946 dort gewesen – meine Mutter hat dann ein Beet gekriegt, da hat sie auch Möhren gesät. Und die sind aufgegangen. Und die Bayernkinder, die essen ja bloß so gebackenes Zeug, Buchteln und so was. Wenig Kartoffeln und wenig Gemüse. Und da haben die uns die ganzen Möhren aufgegessen, weil die eben gut schmeckten und frisch waren. Die hatten eine Heidenfreude, wenn die Mutter ihnen Möhren gab.

Jedenfalls mussten wir in die Schule, aber über zwei Dörfer, das war eine Stunde hin und eine Stunde zurück. Und das im Winter! Da haben wir natürlich ne Flappe gezogen. Meine Mutter hat uns hingetrieben, zwei oder drei Mal ist sie mitgekommen, und dann mussten wir alleine. Mein Bruder musste uns führen und, wie er sagte, die Weiber mitnehmen.

In der Schule war natürlich auch Kriegszustand: drei Klassen in einem Raum und keine richtige Lehrerin. Das war eine angelernte Lehrerin, die uns das Nötigste beigebracht hat. Wir sind nicht gern hingegangen. Die Pseudo-Lehrerin hat auch viel mit dem Rohrstock geschlagen. Neben mir saß eine aus dem Kinderheim, die kriegte viel Dresche, und ich immer mit, weil der Rohrstock so lang war. Wer in den Pausen aufgefallen ist, wurde über die Bank gelegt und da gabs was auf den Po, vor allem die armen Jungs haben viel abgekriegt.

Da gabs viel Religionsunterricht, das war ja ganz schlimm. Und wir konnten nicht so gut knien, das waren wir nicht gewöhnt. Wir waren ja alle evangelisch und die Bayern dort sehr katholisch. Das war für meine Mutter schon ein Problem. Aber wir sind mit Freude zur Maiandacht gegangen. In jedem Dorf gibt's so kleine Kapellen, die werden gepflegt und mit Blumen und Kerzen geschmückt. In jedem Dorf, und ist es noch so klein, ist eine Kirche. Und jeden Abend war Maiandacht. Und da sind wir hingegangen, wir fanden das schön. Die haben gesungen, wir haben uns da umgeguckt und sind wieder heimgegangen. Da hatte meine Mutter auch nichts dagegen.

Und irgendwie, durchs Einkaufen oder so, hat meine Mutter so Kontakte gekriegt, zu den Bäuerinnen dort. Und die waren ganz begeistert, dass meine Mutter als Evangelin da in die katholische Kapelle gegangen ist. Meine Mutter war mehr ökumenisch. Für uns war das ein bisschen eigenartig. Wir wurden ja streng erzogen durch den Konfirmationsunterricht und so weiter, später dann in der Jungen Gemeinde, aber die Ökumene hat mir schon gefallen, die gefällt mir heute noch.

Mir hat ja auch die Gegend dort in Bayern so gefallen. Im Hintergrund die Alpen, schneebedeckt. Die Wiesen grün und voller Himmelsschlüsseln. Ich hab in meinem ganzen Leben nie mehr so eine Wiese voll mit Himmelsschlüsseln gesehen. Diese Gegend war für mich als Kind so versöhnlich. Meine Mutter war aber trotzdem nicht glücklich, die hat sich immer nach der Heimat gesehnt.

Die Eltern von meiner Mutter, die wohnten ja noch in Görlitz. Und die waren am Verhungern. Es gab ja nichts. Die hatten zwar ein kleines Gärtchen aber wenn sie keine Zwiebel reinstecken, kommt auch im Herbst keine raus. Und an die hat meine Mutter sehr viele Päckchen gepackt. Aber wir durften, glaub ich, bloß ein Kilo schicken. Irgendwie war das limitiert. Und da hat sie natürlich im Dauerlauf gepackt. Die meisten Päckchen sind auch angekommen, aber das war natürlich ein Tropfen auf den heißen Stein gewesen. Alles durften wir auch nicht schicken, denn ich erinnere mich, wir haben mal Plätzchen gebacken, und die durften wir nicht schicken.

Von meinem Vater die Schwester, die auch in Görlitz wohnte, die war kinderlos, die ist in Görlitz geblieben, die ist nicht geflohen, weil die ja auf der deutschen Seite war, und die hat Kontakt mit meiner Mutter gehabt. Und die hat geschrieben: »Wenn du deine Eltern noch mal wiedersehen willst, dann komm sofort her, die sterben, die verhungern.« Das konnte meine Mutter natürlich nicht ertragen, und da hat sie gesagt: »Wir müssen zurück!«

Meine Mutter hatte ja noch den Schlüsselbund vom Haus. Und da haben wir Kartoffeln gerieben, um Kartoffelmehl zu machen. Ich erinnere mich an so eine große Kiste, mit Zinkblech innen ausgekleidet, in die wir Kartoffeln und Lebensmittel gepackt haben und per Bahn nach Görlitz geschickt haben. Aber erst musste meine Mutter ja mal die Ausreise haben, wir konnten ja nicht einfach dahin fahren. Da musste meine Mutter dauernd nach den Papieren rennen, bis wir die hatten. Und als wir die hatten, hat sie ihre Habseligkeiten und uns drei geschnappt, und wir sind weg. Hätten wir gewusst, wie sich das mal entwickelt, da wär sie natürlich dageblieben.

Jedenfalls standen wir dann in Görlitz, mussten ins Lager zum Entlausen, wir hatten auch Läuse von der Fahrt oder von der Schule mitgebracht, dort war ja auch ein Sammelsurium von Menschen, die saubersten waren die aus dem katholischen Kinderheim. Dort in dem Quarantänelager blieben wir vierzehn Tage. Da haben wir uns aber schon bei den Großeltern gemeldet. Meine Oma konnte noch laufen, mein Opa war zu schwach dazu, der ist verhungert. Nun hatten wir ja viel mitgebracht: Schinken, Kartoffeln, Mehl und Zucker, das konnte er aber nicht mehr essen. Meine Mutter hat ihm dann mal einen Eierkuchen gemacht, das hat sein Körper nicht mehr angenommen. Sie hat dann so Wassersuppen gekocht und ein bisschen Milchpulver reingemacht, aber nach acht Tagen ist mein Opa gestorben.

Meine Mutter war ein Vaterkind, die hat sehr gelitten.

Wir sind dann in die Zweizimmerwohnung zu den Großelter gezogen, dort hatten wir ein Zimmer. Dort habe ich gelebt, bis ich 25 war und nach Thüringen gegangen bin. Meine Oma ist dann 1949 gestorben. Mein Bruder ist zeitig ausgezogen, der ist mit fünfzehn in die Lehre gegangen, Landwirtschaft, so war der weg.

In Görlitz sind wir dann in die Schule gegangen. Wir mussten dann auch im Winter Briketts mitbringen zum Heizen, das war natürlich schlecht, weil wir selber keine hatten, und jeder von uns dreien musste ein Brikett mitbringen.

Weil der Viadukt über die Neiße zerstört war, konnten wir lange Zeit nicht zurück nach Lauban. Bis 1964 wurde er dann neu gebaut. Nach der Eröffnung sind wir dann mal rübergefahren. Der Mann meiner Schwester hatte ein Auto und hat uns mitgenommen. Er hat aber gesagt: »Wehe, ihr macht Theater!«

Wir sind also früh losgefahren – es ist ja nicht weit, so etwa 22 Kilometer hinter Görlitz – und sind an unser Haus. Es muss ein Sonn- oder Feiertag gewesen sein, denn die Bewohner waren zu Hause. Wir sind erstmal am Haus langgeschlichen. Unser gusseiserner Gartenzaun war weg. Aber die Beete vorn, die Rabatten, die waren noch da. Und meine Mutter blieb stehen. Mein Vater hatte, als er bei der Kirche war, ein Dienstauto und hatte deshalb auch eine Garage. Und an der Einfahrt zur Garage war ein riesengroßer Fliederstrauch, es war im Mai, und der Flieder blühte gerade. Und meine Mutter guckte den Strauch an. Und als ich sagte: »Komm, wir wollen doch reingehen!«, erzählte sie: »Als der Vati im Krieg war, und ich Geburtstag hatte, hat er mir mal durch Fleurop eine Blumenschale schicken lassen. Und da war ein Strauch Flieder drin. Und den hab ich solange gegossen, bis er Wurzeln gehabt hat. Und ich hab den hier in den Garten gesetzt.« Und aus dem einen Stängel ist ein riesengroßer Busch geworden. Da hat sie erstmal Andacht gemacht.

Wir hatten ein gelbes Haus, als wir das erste Mal dort waren, war es rosa. Als ich später nochmal dort war, war es dunkelblau.

Meine Schwester hat dann geklingelt. Wir wohnten damals unten und die Wohnung oben war vermietet. Und dann hatten wir oben im Dach noch Gästezimmer.

Ein junger Mann kam raus, der hat uns natürlich nicht verstanden, und wir ihn auch nicht, aber mit Händen und Füßen hat er dann begriffen, dass wir irgendwie mal hier waren. Und da sagte er: »Moment mal!«, und brachte seine Mutter an, eine ältere Dame, und die sprach ein bisschen Deutsch. Und da haben die die Tür aufgemacht und haben uns reingelassen. So was Nettes! Ich weiß nicht, ob wir das umgekehrt auch so gemacht hätten. Die haben gleich Frühstück gemacht. Alle Eier, die sie hatten, in die Pfanne rein, also wir waren sprachlos.

Wir durften uns in der Wohnung umschauen – es war aber nichts mehr von früher da. Nur die Badewanne, die war noch da. Und alle haben immer gesagt: Die haben keine Klos, die haben hier Löcher im Boden, wie in Sibirien, da ist das so. Nein, die hatten ein Wasserklosett, es war alles gut bürgerlich eingerichtet.

Für meine Mutter war das nicht leicht, das alles zu sehen, aber die hat sich sehr zusammengerissen.

Als wir im Hausflur waren, stand auf der Treppe ein Mann, und der hat immer gesagt, er sei der Hauswirt, wir sollten hochkommen. Da hat meine Mutter leise gesagt: »Ich bin hier der Hauswirt.« Sie hatte ja auch noch die Schlüssel dabei. Wir hatten alles verloren, das Silber, den Schmuck, aber die doofen Schlüssel, die nicht mehr passten, die hatte sie noch.

Wir sind dann doch noch hochgegangen, und der Mann war auch nett, aber wir sind dann ziemlich schnell wieder weg. Und dann hat uns der junge Mann von unten durch den Garten geführt, alles in Ordnung. Die Garage stand noch, alles gut. Und da blühten grad die Pfingstrosen, und da hat er uns noch einen Strauß Pfingstrosen geschenkt. Ist das nicht schön?

Meine Mutter hat dann ihren Frieden gemacht.

Das zweite Mal war ich Ende der sechziger Jahre dort. Da war ich mal in Görlitz zu Besuch, und da sind wir mal rübergefahren. Meine Mutter lebte da schon nicht mehr. Wir sind aber bloß am Haus vorbeigefahren.

Meine Schwester, die wohnte in Zentendorf bei Görlitz, die war öfter mal nach der Wende in Lauban auf dem Markt oder hat in Polen was gekauft. Oder ist mal Essen gegangen. Das war für die normal.

Die Deutschen sind ja nach der Wende gern zu den Polen rübergegangen. Zum Friseur oder zum Einkaufen. Die werden gut bedient, es ist preiswert. Das ist eigentlich eine Win-Win-Situation. Das fing schon an, nachdem der Viadukt wieder offen war. Da musste man zwar immer noch ein Visum haben, aber das ist ja dann irgendwann weggefallen.

Natürlich bin ich traurig, dass ich hier in so einer kleinen Wohnung wohnen muss, und dort steht mein Elternhaus, das mein Vater gebaut hat. Der Gedanke war schon oft da. Aber dass ich nun darüber zerbreche oder psychisch krank werde, das nicht. Es ist nicht zu ändern. Wem soll ich das übelnehmen? Und die da drin wohnen in dem Haus, die haben den Krieg nicht verbrochen.

Franz Motz, geb. 1939, Olbersdorf, Sudetenland

»Wir hatten etliche Begegnungen mit den Russen in dieser Zeit gehabt. Ich kann im Grund genommen über die Russen nichts Böses sagen.«

Das Gebiet, aus dem meine Familie stammt, war bis Ende des 1. Weltkrieges österreichisch-ungarische Monarchie, dann wurde daraus die Tschechoslowakei gebildet. Der Name kommt ja von dem nördlichen Grenzgebirge, den Sudeten. 1938 wurde unsere Gegend durch das Münchner Abkommen dem Deutschen Reich zugeschlagen. Die Besonderheit in unserer Gegend war, ein Dorf war überwiegend deutschsprachig, das nächste Dorf war tschechisch. Und die Bewohner haben sich miteinander vermischt, also geheiratet. Diese Situation wurde auch in Scherzliedern und -gedichten widergespiegelt, in denen jeweils ein Wort Tschechisch und das nächste Deutsch war.

Und die deutschen Dörfer waren die etwas reicheren. Meine Mutter hatte einen tschechischen Vater. Solche Mischehen hat es häufiger gegeben.

Wir waren Motz am Rand. Mitten in dem Schönhengstgau. Der Ort Olbersdorf lag etwa zwei Kilometer weiter unten in der Schlucht drin. Unterhalb unseres Vierseitenhofes führte eine Straße entlang, die sich in Serpentinen bis nach Olbersdorf und danach bis Landskron im Süden und Laudon im Norden hinzog. Unser Hof wurde dominiert von einem Walnussbaum in der Mitte, um den herum der Mist war. Auf der einen Seite waren die Stallungen, auf der anderen die Scheune und auf der dritten der Wohnbereich. Alles war von einem einfachen Gatter eingeschlossen.

Nicht weit von unserem Hof war ein großes Haus, eine Ausflugsgaststätte »Zum General Laudon«. Wir waren sogenannte Häusler. Das bedeutet, dass wir zwar Bauern waren, aber höchstens für den Eigenbedarf. Ich kann mich an Kartoffeln erinnern, wenn das Feld abgeerntet war, wurden die Kartoffelstränge auf einen Haufen getan und angezündet. Und wir haben dann die Kartoffeln gegessen, die in der Asche gegart worden sind. Die Kartoffeln haben wunderbar geschmeckt. Wir hatten auch Getreide, Weizen. Ich erinnere mich noch an Weizen mit Mutterkorn, ich hab immer die Mutterkörner gesammelt, die waren so schwarz.

Wir hatten ständig zwei Milchkühe und meistens ein »Kalbla«. Die beiden Kühe waren deshalb sehr wichtig, weil, das ist ja eine ganz karge Gegend, und die Felder waren meistens in Hanglage. Da konnten Sie mit keinem Pferd was anfangen. Die Kuh war nicht nur Milchgeber, sondern auch Zugtier. Meine Mutter hat einwandfrei gebuttert. Die restliche Milch wurde täglich in einer Milchkanne an den Straßenrand gestellt, vom Milchwagen abgeholt und in die Landskroner Molkerei gebracht.

Mein Lieblingsfrühstück war »Eingebrocktes«, das waren Brotstücke von frischgebackenem Brot, die mit Zucker und heißer Milch übergossen wurden. Bei uns gab es auch oft Knoblauchsuppe. Über die zerdrückten Knoblauchzehen wurde altbackenes Brot gestreut und darauf eine Fleischbrühe gegeben.

Wir hatten auch eine Ziege, ein paar Hühner und Gänse. Da ist mir mal was passiert. Ich bin oft jungen Gänsen hinterhergerannt und wollte immer über die wegspringen. Das ist mir meistens gelungen, aber einmal nicht. Da bin ich mitten auf eine junge Gans gesprungen, und seitdem hatte sie ein gebrochenes Bein. Ich hatte Angst, dass meine Mutter schimpfen wird und hab beschlossen, nach Amerika auszuwandern. Ich bin also die zweihundert Meter bis zum Nachbarn Ontel gegangen und hab gesagt, dass ich jetzt nach Amerika auswandere. Weil ich Hunger hatte, habe ich von der Frau Ontel noch eine Butterschnitte gekriegt. Aber die war so heimtückisch und hat ihrem Ältesten Bescheid gesagt, und da haben sie mich geholt.

Ich kann mich erinnern, dass ich gerne, wenn dann der Leiterwagen mit Heu vollgeladen war, oben drauf gelegen habe und dem Ruckeln des Wagens nachgefühlt habe.

Wir hatten keinen elektrischen Strom und keinen Wasseranschluss. Mein Vater ist also immer mit einer Kiepe den Hang runter und hat sich unten aus einem Brunnen Wasser geholt, um das Vieh und sich selber zu versorgen. Unser Haus bestand nur aus einer Wohnküche und einem Schlafzimmer.

Alle zweihundert Meter etwa gab es so ein Häusle. Der nächste Hof gehörte Ontel. Und von Ontel wurde ein Jahr, nachdem die Ehe zwischen meinen Eltern geschlossen worden ist, eine Leitung gelegt, so dass wir von deren Brunnen unser Wasser beziehen konnten. Das überschüssige Wasser lief durch die Rohre in ein »Brünnle«, das war überdacht, und so haben wir – natürlich im Gegenzug zur Lieferung von Weizen und anderem – das erste Mal am Haus Wasser gehabt.

Das hat alles meine Mutter bezahlt von ihrem Ersparten, das sie sich in den zehn Jahren Witwenschaft angespart hatte. Die sind im Sommer immer ins Österreichische gegangen und haben dort bei der Ernte geholfen. Alles, was sie dort verdient hat, hat sie in den verlotterten Hof gesteckt, als sie meinen Vater geheiratet hat.

Meine Mutter hat einen unehelichen Sohn mitgebracht, dessen Vater war drei Monate, bevor der Sohn auf die Welt gekommen ist, in einer Sandgrube tödlich verunglückt. Mein

Vater war damals 32 Jahre, sein größter Reichtum war ein Fahrrad, und mit dem ist er auf Brautschau. Und auf dieser Brautschau hat er in Reichenau meine Mutter kennengelernt. Die beiden haben im Januar 1938 geheiratet, und ein Jahr später wurde ich geboren.

Meine frühesten Erinnerungen waren die an meine Hündin Hexi, ein reinrassiger Rauhaardackel, das war mein bester Kamerad. Sobald ich laufen konnte, bin ich streunen gegangen. Immer an der Straße unterhalb unseres Hofes lang. Und ich habe gesehen, dass die Straße, je weiter ich geguckt habe, immer schmaler wurde. Und da wollte ich an die Stelle kommen, wo die so schmal war, dass ich mit einem Sprung auf die andere Seite der Straße springen konnte. Aber ich habe die Stelle nicht gefunden.

Wir haben alles miteinander gemacht, ich war der große Boss. Hexi ist mir immer gefolgt und hat auf mich aufgepasst. Beim Pilzesuchen hat er sofort gewusst, welche Pilze ich brauche, und er hat mich auch mal vor einer Schlange gewarnt. Nach der Aberntе der Getreidefelder haben wir Mäusejagd gemacht, er hat sie aufgestöbert und mir gebracht.

Einmal hat er im Dickicht eine deutsche Soldatenuniform gefunden. Da hab ich mir die Knöpfe abgemacht, und in einer Tasche steckte auch eine Trillerpfeife.

Ansonsten haben wir vom Krieg nicht viel mitgekriegt. Im Radio habe ich zwar immer mal was aufgeschnappt, die kämpfen gegen die Russen und so, aber ich konnte mir nichts vorstellen unter Russen. Und weil wir zwei Schweine gehabt hatten, hab ich gedacht, dass das wohl sowas sein müsse. Das könnten Russen sein, dachte ich.

In der Gegend gab es auch russische Kriegsgefangene, die beim Bauern gearbeitet haben. Die haben an Kinder wie mich geschnitzte Holzpistolen verschenkt, da konnte man mit so einem Gummi Kirschkerne oder anderes verschießen.

Und dafür haben die dann zwei, drei Kartoffeln gekriegt oder ein Stückchen Brot, und da waren die dann sehr zufrieden. Das war meine erste Begegnung mit Russen. Die kamen manchmal mit ihrem Bauern auf der Straße vorbei. Da wusste ich dann: Das sind Russen!

Mein Vater war ja ungefähr 1943 eingezogen wurden, da gab es noch eine Aufregung. Bei uns wurde immer mal etwas »verlegt«. Mein Vater hatte mit 32 so gut wie keine Zähne mehr und hatte deshalb eine Prothese. Jetzt musste er also einrücken und fand die Prothese nicht. Das war ein Geschrei und ein Gesuche. »Die Prothese ist weg.« Er ist also ohne Prothese in den Krieg. 1968 waren wir das zweite Mal wieder an dem Ort und haben in den Überresten des Hauses die Prothese gefunden.

Und dann kamen die ganzen Flüchtlinge bei uns durch, aus den Gegenden weiter im Osten. An die Flüchtlingstrecks erinnere ich mich gut. Das waren zwei Ochsen mit ganz breiten Hörnern, die einen Planwagen gezogen haben, darauf einen Haufen Gepäck und viele Kinder. Und bei uns hielten die dann, halb verhungert, an.

Unsere Schweine haben gedämpfte Kartoffeln mit Kleie darunter zum Fressen bekommen. Das war in einem großen Trog drin. Und die Kinder der Flüchtlinge sind zu uns auf den Hof gekommen und haben sich über den Trog hergemacht. Sie haben ihre Strümpfe ausgezogen und haben in die noch von dem Schweinefutter eingefüllt, was reinging. Meine Mutter hat sie dann auch noch mit anderem Essen versorgt.

Die ersten deutschen Soldaten kamen noch relativ geordnet bei uns durch. Wenn aber das Benzin alle war und das Auto nicht mehr fuhr, wurde es einfach stehengelassen. Und das war für mich ein großes Fundfressen. Was ich da alles gesammelt habe! Munition, Schachbretter, Figuren. Das war im Frühling 45 gewesen.

Dann kamen die ersten Russen. Ich stand oben am Hang und hab denen zugewunken, als die unten auf der Straße vorbeigezogen sind. Die kamen mit Troikas, ein Wagen von drei Pferden gezogen. Und die lagen da drauf und haben zurückgewunken. Direkte Kriegshandlungen hat es ja in dieser Gegend nicht gegeben. Unser Nachbar, Ontel, nannte sich Bauernführer. Nach der Annexion war er in die Partei eingetreten. Dem ist es ganz scheußlich gegangen. Der ist als einer der Ersten von den Tschechen abgeholt worden.

Wir hatten etliche Begegnungen mit den Russen in dieser Zeit gehabt. Ich kann im Grund genommen über die Russen nichts Böses sagen.

Als die Russen an der Gaststätte gelagert haben, haben sie den Pächter an die Wand gestellt und beschossen. Sie wollten ihn nicht töten, sie wollten von ihm bloß wissen, wo der General Laudon ist, nach dem ja der Gasthof benannt war. Er konnte das natürlich nicht sagen, der war ja schon lange tot. Da haben sie alles kaputtgemacht.

Bei den Russen waren ja auch Offiziere. Und die haben gehört, dass da oben – bei uns – eine »Matka« wohnt. Und die Matka hat eine Nähmaschine. Da sind die zu uns gekommen und haben Hakenkreuzfahnen - wunderschöne Seide - gebracht. Und meine Mutter musste nächtelang schöne lange Turnhosen nähen. Und da ist es auch einmal passiert, dass mehrere einfache Soldaten, die gehört hatten, dass da eine Frau ist, zu uns ans Tor gekommen sind und rein wollten. Die haben da rumgeschossen und Lärm gemacht, und das haben die Offiziere gehört und haben sie vertrieben. Das Tor, was die schon ausgehängt hatten, haben die mit Stricken wieder notdürftig zusammengebunden.

Mit einem von ihnen habe ich mich wunderbar verstanden. Der hat mir sogar bei den Aufgaben, die mein Bruder mir gegeben hatte, weil ich ja schon schulpflichtig war, geholfen.

Diese Russen sind dann aber nicht lange geblieben und weitergezogen.

Danach kamen die überrollten deutschen Soldaten. Und die hat meine Mutter relativ oft beherbergt.

Da war auch noch die Feldgendarmerie, die durchkam. Die war dafür zuständig, Deserteure zu schnappen. So einen habe ich dann auch gesehen. Den hatte man an einen Baum aufgehängt, ein Pappschild um den Hals, die Hände auf den Rücken mit demselben Papierbindfaden gefesselt, mit dem man ihn auch aufgehängt hatte. Er hatte nur noch die Socken an, keine Uniform, die Zunge hing ganz weit aus dem Mund heraus, so eine lange Zunge habe ich noch nie in meinem Leben gesehen, die Augen waren zu. Man hat mir dann gesagt, was auf dem Pappschild stand: »Einer, der sein Vaterland verraten hat«. Das war für mich eine bleibende Erinnerung. Meine Mutter hatte sich darüber aufgeregt, aber der Bauernführer hat gesagt: »Willst du danebenhängen?«

Dann kamen die anderen Russen mit Lastwagen, die Motorhaube war wie ein viereckiger Kasten. Viele haben die scharfen Serpentinen nicht geschafft. Da sind etliche von denen liegengeblieben.

Dann kamen auch noch Nachzügler, an eine Frau kann ich mich erinnern, die sich ein paar Tage bei uns ausgeruht hat, die waren mehrmals überrollt worden auf ihrer Flucht.

Einmal, ich war mit meiner Mutter gerade im Dorf, standen plötzlich bei unserer Rückkehr mindestens 25 russische Soldaten auf unserem Gelände. Die hatten auch schon eine Feldküche aufgebaut und angefangen zu kochen. Die waren auf dem Durchzug und haben gedacht, der Hof sei verlassen. Die hatten unser Holz benutzt, Kartoffeln für die Feldküche genommen. Doch meine Mutter vertrieb sie durch lautes Schimpfen und Fluchen in tschechischer Sprache wieder von unserem Hof.

An das Kriegsende kann ich mich nicht erinnern, aber auf einmal war der Oberste von den tschechischen Partisanen da. Aber ich weiß noch, als der Nachbar mal da war, um Honig zu bringen und danach auf seinen Hof zurückging, wurde er von Partisanen empfangen. Er war nicht in den Krieg eingezogen worden, weil sein Bruder schon im Krieg war und er als einziger verbliebener Mann auf seinem Hof bleiben konnte. Den hat man abgeholt und hat ihn runter nach Olbersdorf gebracht. Dort war eine Art Internierungslager, wo schon Deutsche drin waren. Diese Deutschen mussten meinen Nachbar dann totschlagen.

Mein Vater war in einem Reservelazarett in Johannisbad im Riesengebirge als Bewachungspersonal, weil er für den Frontdienst nicht gesund genug war. Die sind dann Anfang 45 verlegt worden nach Rochlitz in Sachsen. Dort kam er in amerikanische Gefangenschaft. Als er beizeiten entlassen wurde, ist er zu Fuß heim. Er hat wenig darüber erzählt. Nur, wie er zu Fuß durch die Elbe ist, als Nichtschwimmer. Fünf Kilometer vor seinem Heimatort haben ihn die Tschechen gefangengenommen. Die haben ihn zwangsverpflichtet, als Knecht bei einem Bauern zu arbeiten. Wir wussten davon gar nichts.

Es tauchten ja auch immer mal die tschechischen Partisanen auf. Da waren auch Cousins meiner Mutter dabei, alles junge Leute. Meine Mutter war ja eine Halbtschechin. Einmal haben sie in ein Haus geschossen, das dann gebrannt hat. Wir Kinder sind dort hin, und ich kann mich erinnern, dass die Schieferziegel, mit denen das Haus gedeckt war, in den Flammen geknallt haben. Der Mann, der drin gewohnt hat, zerrte noch einen halbverkohlten Koffer hinter sich her, als er aus dem Haus floh.

Da kam so im Sommer 45 die Zeit der Denunziationen. Meine Mutter wurde angeklagt, deutsche Soldaten verköstigt und beherbergt zu haben. Es stellte sich dann heraus, dass ein deutsches Kommunistenehepaar das angezeigt hatte. Meine Mutter wurde also in Landskron eingesperrt. Und die Denunzianten standen dann auf einmal in unserem Hof und haben gesagt: »Das ist jetzt unser Hof«. Die haben also, während meine Mutter im Gefängnis war, ungefähr drei Monate auf unserem Hof gewohnt. Und ich bin natürlich auch dortgeblieben. Aber ich habe immer Ärger gemacht. Zwischen dem Wohnzimmer und dem Schlafzimmer war eine Tür mit Milchglas. Und weil ich so eine Wut hatte, weil die mich wieder mal dort eingesperrt hatten, habe ich mit dem Ellbogen gegen das Glas gehauen, und da ist es kaputtgegangen. Ich bin dann aus dem Fenster rausgesprungen und weg. Die haben mich gesucht. Am Morgen des dritten Tages bin ich erwischt worden. Ich hatte mich auf dem Heuboden versteckt, der über dem Kuhstall war. Da hat der Alte mich gesehen, wie ich die Leiter hoch bin.

Meine Mutter hat unter anderem mit Zigeunern im Gefängnis gelegen. Und von den Zigeunerinnen hat sie das Kartenlegen gelernt. Aus jeder beschissenen Situation hat sie irgendwas gemacht. Dieses Kartenlegen hat uns später das Überleben gesichert. Da wollten alle wissen: »Wann geht's wieder heim? Was machen meine Angehörigen?« Alle sind sie gekommen, haben irgendwas zu essen gebracht, und da hat sie nächtelang Karten gelegt.

Eines Tages kam meine Mutter wieder zum Tor rein. Der Alte hat sofort die Mistgabel geschnappt und hat gesagt: »Mach dich da runter! Was willst du da? Das ist mein Hof!« Da hat er aber meine Mutter schlecht gekannt! Die hat ihm die Mistgabel aus der Hand gerissen und hat ihn vom Hof gejagt.

Noch bevor meine Mutter aus dem Gefängnis rauskam, musste ich zwangsweise in die Schule. In die tschechische Schule. Ich sollte also nach Laudon, das ist der Ort oben. Als ich über den Hügel ging, kamen mir Kinder entgegen und haben gerufen: »Die Schule fällt aus, der Lehrer ist krank.«

Inzwischen hatte der Bauernführer sein schlimmes Ende gefunden. In der Nähe war ein Straßenbau, und da hat man frischen Schotter gelegt gehabt. Dort wurden deutsche Parteigenossen von den Tschechen solange barfuß über den Schotter getrieben, bis sie zusammensackten und dann wurden sie erschossen. Weil seine Familie schon weg war, stand sein Häusle leer. Und da wurden Tschechen angesiedelt. Mit dem Sohn der Tschechen hatte ich mich angefreundet.

Ein paar Wochen später hatte ich meinen zweiten ersten Schultag, und zwar nach unten in Olbersdorf. Da bin ich zusammen mit diesem Jungen hin. Da waren vier Altersgruppen in einem Raum. Es war ein sehr freundlicher tschechischer Lehrer, wir waren zwei Deutsche und saßen vorn nebeneinander in der ersten Reihe. Wir hatten so Bilderbücher. Ich habe dort einen einzigen Satz gelernt, übersetzt hieß der: »Der Hase hat auf dem Kopf einen Hut.« Das war mein einziger Satz, den ich in der tschechischen Schule gelernt habe. Am nächsten Tag, als es zur Schule ging, habe ich mich versteckt, weil ich nicht in die Schule wollte.

Die erste, wilde, Vertreibung war dann im Frühsommer 1945. Binnen zwei Stunden mussten wir raus. Meine Mutter konnte grad einen Handwagen beladen. Es ging nach Norden. Die ganze Kolonne wurde von tschechischen Partisanen bewacht. Die ganze Nacht wurde marschiert, mitten durch die Wälder durch, ich habe auch Schüsse gehört, es soll auch Tote gegeben haben. Ich lag müde auf dem Handwagen, den meine Mutter gezogen hat. Ich kann mich noch erinnern, dass es stark geregnet hat. Wir kamen dann auf eine Waldlichtung. Am Rand stand eine Scheune. Mütter mit Kindern durften dann dort rein. Am nächsten Morgen, im Morgengrauen, war auf einmal draußen ein großes Geschrei.

Alle rannten durcheinander und haben gerufen: »Wir dürfen wieder heim!«

Da hieß es: »Alle, die vor 1938 hier gelebt haben, dürfen wieder nach Hause.«

In Wirklichkeit sah das so aus, dass die Tschechen die Sudetendeutschen über die Grenze nach Polen abschieben wollten. Doch die Polen haben dichtgemacht. Die haben gesagt: »Wir haben genug!«

Da sind wir ohne Bewachung, mit großem Hurra, wieder zurück.

Eines Tages, irgendwann 1946, standen mitten auf unserem Vierseitenhof drei Tschechen. Meine Mutter sollte sich von ihrem deutschen Ehemann lossagen und einen der drei Männer zur Bewirtschaftung des Hofes aufnehmen. Sie hat dann einen ihrer berühmt-berüchtigten Wutausbrüche gekriegt und die Mistgabel geschnappt. Da sind sie gerannt.

Dann gab es die geordnete Vertreibung. Im Mai 1946 war es dann endlich soweit. Da hatten wir mehr Zeit und durften so einen Leiterwagen vollladen. Da stand auf der ganzen Straße, von oben bis nach unten nach Landskron, Wagen an Wagen.

Wir wurden auch bewacht von Partisanen. Auf einmal sagt einer der Tschechen zu meiner Mutter: »Was, du Hedwig?« Das war einer der Cousins meiner Mutter, die jetzt Partisanen waren. Die hätten die aus dem Zug rausgeholt, die hatten die Macht. Aber meine Mutter, stur und stolz wie sie war, hat abgelehnt. Eine Nachbarin von uns mit einem Baby hat sich vor dem jungen Partisanen in den Staub geworfen, hat ihr Baby hochgehalten und gesagt: »Lasst mich heim!«

In Landskron war ein eingezäuntes Lager. Gleich am Anfang wurden wir gefilzt. Alles, was wir hatten, wurde genauestens angeschaut, natürlich sind dann nur ungefähr zehn Prozent übriggeblieben. Von mir haben sie das dicke Kontokorrent-Buch weggenommen, in dem mir mein Bruder die Buchstaben des Alphabets und die Zahlen reingeschrieben hatte. Ich habe darin das Schreiben geübt, indem ich alles nachgepinselt habe. Das Buch haben sie genommen und drauf auf den Haufen geschmissen. Das hat wehgetan.

Dort waren Baracken, und zwischen den Baracken lagen bergeweise Granaten. Die müssen also schon während des Krieges dagewesen sein. In den Baracken waren Doppelstockbetten aus Metall. Wir waren total verwanzt. Zwei Mal mussten wir antreten, wurden aus dem Lager getrieben hin zum Langen Teich. Da standen wir dann in dem Schlamm drin und haben versucht, uns zu waschen.

Dort waren wir mindestens vier Monate. Nach und nach wurden die Bewohner mit Güterwaggons weggebracht.

Meine Mutter durfte zwei Mal das Lager verlassen. Einmal haben wir meinen Halbbruder besucht.

Der war noch kurz vor Kriegsende zum Volkssturm eingezogen worden. Er machte gerade eine Ausbildung, aber der Ausbilder hat ihn dann nach Hause geschickt. Er kam dann aber auch erst mal in Gefangenschaft, bald wurde er aber entlassen und ist wieder Richtung Heimat, wo er auch von Tschechen festgenommen wurde. Er wurde, wie mein Vater, auch bei einem Bauern als Knecht verdingt. Meine Mutter hat sich ja dadurch, dass sie perfekt Tschechisch konnte, mit dem Wachpersonal gut verstanden und deshalb Ausgang gekriegt. Mein Bruder hatte aber keine Zeit für uns, weil er sich mehr für die Magd interessiert hat, die auf dem Hof war. Er ist dann etwas früher als mein Vater freigekommen, weil er sich – absichtlich oder unabsichtlich – mit der Mistgabel in den linken Fuß gestochen hat.

Das zweite Mal sind wir vom Lager wieder nach Hause auf unseren Hof gegangen. Der ist ja bis zum Schluss nie abgebrannt. Aber es war natürlich alles ausgeräubert.

Auf dem Rückweg kommt uns ein tschechischer Förster entgegen. Und an seinem Fuß: Hexi. Nach unserem Aufbruch war sie allein auf dem Hof zurückgeblieben. Sie soll über zehn Nächte dort geheult und gejault haben. Dieser tschechische Förster hat die dann irgendwie rumgekriegt und sie bei sich aufgenommen. Und ich bin gleich auf sie losgerannt, hab sie hochgehoben und so. Nachdem der Förster meiner Mutter alles erzählt hatte, ist er ganz langsam losgegangen. Hat nicht nach rechts und links geguckt. Und die Hexe ist stehengeblieben, hat zu mir geguckt und hat zum Förster geguckt. Und hat dann richtig entschieden.

Mein Bruder, der ja dann auch im Lager war, ist einen Transport eher aus dem Lager entlassen worden. Wir wollten dann hinterherkommen, wenn unser Vater auch zu uns gestoßen wäre. Mein Bruder ist also mit anderen Verwandten meiner Mutter nach Bayern gekommen. Er ist also von Anfang an ein Heimatvertriebener gewesen. Wir waren Umsiedler in der Ostzone. Er hat also von dem Lastenausgleich profitiert. Das Interessante ist: Man hat die angegebenen Flächen im Sudetengau zusammengezählt, und nach der Summe der gezahlten Lastenausgleiche wäre diese Gegend vier Mal so groß gewesen.

Mein Bruder hat also den Lastenausgleich gekriegt, weil er im Westen war. Nach der Wende, ich glaube 1994, hat es dann sogar hier Geld gegeben, ich glaube, viertausend DM.

Bei uns ist auch noch die Mutter meiner Mutter geblieben, weil sie keiner der anderen sechs Geschwister haben wollte. Dann kam endlich mein Vater frei.

Der Viehwaggon war grausam. Oben waren so Fensterschlitze. Der Wagen wurde bis kurz unter die Decke mit unserem Gepäck ausgefüllt und oben drauf lagen dann die Leute. Ich hatte immer eine große Angst um meine Mutter, weil die ihre Beine aus dem Fenster heraushängen hatte. Mit diesem Güterwaggon ging es tagelang Richtung Westen.

»Wir fahren heim auf staatseigene Kosten, mag das Gold und Silber im Kasten auch rosten.«

Das war unser Galgenhumor.

Dann sind wir in Altenburg angekommen. Auf dem Güterbahnhof zwischen den Gleisen wurden wir dann ausgelagert. Da lagen wir drei Tage und drei Nächte, um dann vereinzelt verteilt zu werden. Am ersten Tag wurden wir zur Entlausung in eine Scheune getrieben mit einem Dampfbad. Vorher mussten wir die Klamotten ablegen. Ich hatte ein rotes kleine Kunstlederportemonnaie. Mit nichts drin. Aber das war mein großer Schatz. Das war in der Hosentasche. Auch die Klamotten wurden bedampft. Als ich mich wieder anzog und das Portemonnaie herauszog, ist es mir in den Händen zerbröselt. Das hat wehgetan.

Dann ging die Odyssee los. Das war für mich die schwerste Zeit. Wir wurden mit anderen Leuten nach Greiz verbracht. Später habe ich dann dort studiert und dieselbe Örtlichkeit wieder aufgesucht. Wir wurden dort zwangseinquartiert in einer Schule. Neben dem unteren Schloss. Nach einigen Wochen dort sind wir dann Altenburg zurückgekommen. Die erste Zwangseinweisung war schlimm. Bei einem Schneidermeister in einem dreistöckigen Haus mit Steildach. Unter dem Dach war so ein Lattenverschlag. In diesem Verschlag sollten wir vier Personen – meine Mutter, mein Vater, meine Oma und ich – nun hausen. Da konnte man nicht liegen, nicht stehen, nicht auf Toilette gehen. Wenn wir mussten, mussten wir die Treppe runter, über die Straße, durch eine Toreinfahrt in den Hof, dort war ein Trockenklo. Dort wurde ich Bettnässer.

Wir haben dort auf einer aufgestellten Matratze halb gestanden, halb gelegen.

Mein Vater hatte dann im Teerverarbeitungswerk Rositz seine erste Stelle. Dort hat er sich seine Lungen-TBC geholt.

Ich bin wieder mal den ersten Tag in die Schule gegangen. Kurz danach sind wir das zweite Mal zwangsumgesiedelt worden in einen anderen Stadtteil. Das war dann in der Nähe der Reichenbachschule. In die bin ich dann eingeschult worden. Die zweite Klasse durfte ich überspringen, mir wars zu langweilig.

Dort waren wir bei einem Geiger, Orchestermitglied des Landestheaters Altenburg. Der hatte einen etwa gleichaltrigen Sohn gehabt. Die hatten uns einen Raum abtreten müssen.

Dann sind wir noch einmal umgesiedelt worden. Bis 1951 sind wir zwangsumgesiedelt worden. Mit den ganzen Begleiterscheinungen: Ährenlesen, Kartoffeln stoppeln und vor allem Kartenlegen. Meine Mutter hat ja richtig Stammkunden gehabt.

Meine Mutter hatte in einer Gärtnerei Arbeit gefunden, mein Vater war in der Zwischenzeit in Plottendorf in einer TBC-Heilanstalt. Dann hat sie bei einem Kohlenhändler angefangen zu arbeiten. Und dessen Mutter hatte zwei Zimmer über einer Scheune. Das war die erste Nicht-Zwangseinsiedlung gewesen. In dem Haus selber konnten wir dann noch mal umziehen, weil dann von einem enteigneten Fabrikantenehepaar die Wohnung frei wurde. In dem Haus ist dann mein Vater verstorben.

1964 sind wir von einem tschechischen Verwandten meiner Frau eingeladen worden, nachdem er uns besucht hatte. Das ging damals gar nicht ohne Einladung. Mein Vater hat sofort gesagt, das kann er nicht. Es war ein ganz herzliches Begegnen mit der gesamten Verwandtschaft meiner Mutter. Alle waren da, es wurde gefeiert, wir wurden rumgereicht, das ist mir noch stark in Erinnerung.

Von unserem Gehöft stand ja nichts mehr. Wir haben in dem Gerümpel rumgesucht, haben eine alte zerbeulte Milchkanne gefunden, vieles war ins Brünnle gekippt worden.

Auch der Walnussbaum war weg. Der Einzige, der auch heute noch steht, ist ein alter Bugenser-Birnbaum.

Franz Motz, 1944, mit Eltern

Dorothea Müller, geborene Quabeck, geb. 1935 in Kolzig, Kreis Grünberg, Niederschlesien

»Wenn ich abends so im Bett liege, da stelle ich mir vor, dass dort die Dorflaternen brennen. Und dann gehe ich in Gedanken die Straße entlang und erinnere mich an meine Heimat.«

Mein Vater war Elektromeister mit eigener Werkstatt. Dort hat er auch Lehrlinge ausgebildet. In unserem Dorf hatten wir ein Elektrogeschäft. Das Dorf hatte ungefähr 1200 Einwohner. Wir wohnten dort in einem Haus zur Miete, aber meine Eltern hatten das Vorkaufsrecht. Nach dem Krieg wollten wir das Haus kaufen.

Ich hatte noch einen zwei Jahre älteren Halbbruder; mein Vater war schon einmal verheiratet, und die Frau war nach der Geburt gestorben. Mein Vater war als Geschäftsmann neu in unser Dorf gezogen. Er hatte eine Schwester in Glogau, die schlecht Kinder kriegte, und die hat dann gesagt – weil der Junge noch im Krankenhaus war - »Wenn er dort stirbt, kann er auch bei uns sterben. Wir nehmen den an.« Das war natürlich nicht so, die haben den großgezogen. Mein Halbbruder wurde also bei meiner Tante groß. Und ein Jahr später hat mein Vater dann meine Mutter kennengelernt, und dann ist es zur Heirat gekommen. Ein Jahr später wurde ich dann geboren. So zwei Mal im Monat, wenn mein Vater geschäftlich in Glogau war, haben wir die Tante, den Onkel und meinen Halbbruder besucht.

Die Eltern meiner Mutter wohnten im übernächsten Haus, wo sie eine Bäckerei führten. Meine Mutter hatte noch zwei Brüder. Der Jüngste hat bei meinem Vater Elektriker gelernt, und der Älteste war Konditormeister. Der Älteste war dann aber eingezogen worden und ist im November 1942 gefallen. Das war in Stalingrad, da war er 44 Jahre, als er durch einen Kopfschuss getötet wurde. Der Jüngste ist mit 18 Jahren im April 1944, nachdem er erst wenige Wochen an der Front gewesen war, durch einen Bauchschuss gestorben. Irgendwo an der Ostfront bei Kowel. Das war natürlich ein Schlag für meine Großeltern und hat ihnen sehr die Kraft genommen. Außerdem stellte der Betrieb der Bäckerei wegen der Verknappung aller Zutaten eine Herausforderung dar.

Die Benachrichtigung über den Tod des Ältesten kam durch einen Brief an meine Großeltern. Später haben sie sogar noch ein Päckchen mit der blutigen Wäsche bekommen. Aber der Tod des Jüngsten wurde meinem Vater vom Ortsgruppenführer mitgeteilt. Der war der Nachbar von meinen Großeltern und hat sich nicht getraut, die Großeltern darüber zu informieren. Mein Vater hat 14 Tage gebraucht, bis er den Mut hatte, die Nachricht meinen Großeltern zu überbringen. Ich war gerade bei ihnen, und muss heute immer noch weinen, wenn ich an den Schrei denke, den meine Oma ausgestoßen hat.

Das Geschäft hat aber bis zuletzt, bis zu unserer Flucht, funktioniert, vor allem durch Anton, den französischen Kriegsgefangenen, der ihnen zugeteilt worden ist und der sie wirklich sehr unterstützt hat. Auch das Elektrogeschäft hat mein Vater bis zum Schluss geführt. Er war nur ganz kurz im Polenkrieg, danach ist er wegen eines Augen- und Ohrenleidens immer nur kurz zur Armee und wurde immer wieder entlassen. Später sollte er dann aber länger bleiben, da aber alle Männer im Dorf schon weg waren, und es kaum noch Handwerker gab, sorgte unser Bürgermeister dafür, dass er doch wieder nach Hause konnte. Ende 1944, nach Weihnachten, musste er dann allerdings zum Volkssturm. Da hat meine Mutti das Geschäft mit dem Gesellen alleine geführt. Der war auch wegen irgendwelcher Krankheiten nicht eingezogen worden.

Mein Großvater hatte also diesen Franzosen, der hat ihm in der Bäckerei geholfen. Im Dorf gab es ein Kriegsgefangenenlager, von dort wurden die Franzosen täglich an die Leute verteilt, wo sie arbeiten mussten, und abends mussten sie immer zurück in das Lager. Das war im »Dominium«, im Rittergut. Der Gutsherr hat sich einmal im Jahr im Dorf sehen lassen, nämlich zur Jagd, und das wurde immer groß gefeiert. Wir bewunderten die Jagdwagen, die mit dem geschossenen Wild durch das Dorf fuhren. Manche Familie erwarb auch einen der geschossenen Feldhasen.

Den Rest des Jahres wurde das Gut durch die Verwalter beaufsichtigt. Und die Franzosen, die waren dort in so einem Stall untergebracht. Sonntags waren die in dem Lager und nicht bei ihren Arbeitgebern und mussten aber beköstigt werden. Und mein Cousin, der ein Jahr jünger war, und ich, wir kriegten dann das Körbchen mit Essen und haben es dort in das Lager gebracht. Und da haben wir Kinder immer mal ein Stück Schokolade – was damals wirklich was ganz Besonderes war – gekriegt. Die waren sehr kinderlieb, das waren auch Familienväter.

Wir Kinder spielten oft im Schlosspark mit seinem breiten Wassergraben und dem schönen Teich. Eigentlich war der Park für die Öffentlichkeit verboten, aber wir Kinder fanden immer einen Durchschlupf. Im Winter liefen wir auf dem zugefrorenen Graben und Teich Schlittschuhe. Der Gutsverwalter drückte dann auch ein Auge zu.

Es war aber alles sehr schwierig. Mein Vater hatte so einen DKW und auch ein Motorrad, aber das war alles beschlagnahmt, das stand in der Garage. So dass er also bloß sein Rad hatte mit einem Anhänger, und damit ist er auf die

Dörfer gefahren, weil er der einzige Elektriker weit und breit war.

Ich bin sehr behütet und mit viel Liebe groß geworden. Natürlich mussten wir folgen, das war eben damals so. Da meine Großeltern im übernächsten Haus wohnten, war ich auch sehr oft bei denen.

Am 1. September 1941 bin ich eingeschult worden. Ich bekam zwar keine Zuckertüte, das war damals nicht üblich, außerdem war ja Kriegszeit, aber ich hatte einen wunderschönen Ranzen aus Leder, den mir einer meiner Onkel, ein Sattlermeister, gemacht hatte. Unsere Hausaufgaben schrieben wir mit einem Schieferstift auf eine Schiefertafel. Ab der dritten Klasse durften wir auch in Hefte schreiben. Die Schulzeit ging bis zum dritten Schuljahr, und dann hatten wir wegen des Krieges keine Schule mehr. Auch vorher schon, so ab Sommer 1943, fiel die Schule häufig aus. Wir mussten stattdessen Lumpen und Papier sammeln, für den Krieg. Und dann waren die Sommerferien, und dann sind wir noch vierzehn Tage in die Schule, und dann hieß es: »Die Schule fällt aus.« Also hatten wir ab Herbst 1944 keine Schule mehr gehabt.

Vom Krieg haben wir in Schlesien kaum was mitgekriegt. Nur manchmal sahen wir am Himmel die Flieger, und da wurde uns gesagt, dass die ins Rheinland flögen. Köln und Aachen wurden ja sehr bombardiert, und von dort haben wir 1943 auch Flüchtlinge bekommen, die dort ausgebombt waren.

1944 war durch den Tod meiner beiden Onkel ein sehr bitteres Weihnachten. Geschenke bekamen wir Kinder ja sowieso schon seit Jahren nicht mehr, weil ja Krieg war. Aber durch die Bäckerei meiner Großeltern bekamen wir wenigstens Kekse. Meine Mutter hatte für meine Puppenkissen neue Bezüge genäht, und meine Puppe hat ein neues Kleidchen bekommen. Wir haben uns also bei meinen

Großeltern getroffen. Vorher wurden wir Kinder noch in die Kirche zur Christnacht geschickt. Kirchlich erzogen wurde ich nicht, weil meine Eltern eine Mischehe hatten: mein Vater war evangelisch und meine Mutti katholisch.

Die Tage wurden jetzt in Alarmstufen eingeteilt. Mehrmals am Tag ging der Gemeindediener mit der Glocke durch die Straßen und verkündete, in welcher Gefahrenzone wir uns befanden. Es war ein ständiges Auf und Ab. Die Nerven der Menschen waren zum Zerreißen gespannt.

Am 20. Januar, einem Sonntag, als ich mit meiner Mutti aufstand, war draußen auf der Straße ein Lärm. Mutti schaute aus dem Fenster und sagte: »Hier kommen lauter Flüchtlinge bei uns durch.«

Wir haben uns angezogen und sind raus. Da waren das Flüchtlingstrecks aus Nachbarorten. Und nachdem sie uns erzählt hatten, woher sie kamen, haben sie noch gesagt: »Sicherlich seid ihr morgen auch dran!« Jetzt entstand Panik, die Nachbarn kamen raus, wir reichten den Flüchtlingen Kaffee und Essen, und so sind die den ganzen Sonntag durchgezogen.

Abends kam dann die Entwarnung vom Bürgermeister, dass zwar der Russe irgendwo sei, man hörte auch so Panzerketten rasseln und Kanonendonner in der Ferne, aber es hieß dann, wir seien aus der schlimmen Zone raus. Am Montagnachmittag kam ich gerade von meiner Freundin zurück, da kam der Angestellte vom Bürgermeister mit seiner Bimmel durchs Dorf und rief: »Ab 19 Uhr müssen alle auf der Straße stehen. Wir müssen flüchten.«

Natürlich war dann erst mal Panik. Die Großeltern und Mutti haben schnell das Nötigste zusammengepackt. Die Großeltern hatten zum Glück neben ihrer Bäckerei noch ein bisschen Landwirtschaft, und deshalb hatten sie auch ein Pferd. Und mein Opa hat am Wochenende immer mit so einem Planwagen Brote und Brötchen in die Nachbarorte ausgefahren. Und da hieß es, dass die Leute, die so ein Fuhrwerk hatten, die Nachbarn mitnehmen sollen, die keins haben.

Wir sollten alle die Türen auflassen, weil es hieß, es ist nur vorübergehend. Der Russe kommt, und den drängen wir zurück, und dann können wir alle wieder heim.

Wir haben uns alle dick angezogen, weil es bannig kalt war. Es war Vollmond, der unser Dorf gespenstisch beleuchtete. Und es herrschte große Panik. Mein Opa wurde zum Treckführer ernannt, weil ja die meisten Männer weg waren. Der Opa war ja nun schon Anfang sechzig. Mit uns sind die Frau meines gefallenen Onkels und deren zwei Kinder gefahren. Ich habe auf zwei Koffern gelegen, und meine dreijährige Cousine und mein achtjähriger Cousin haben auf einem Stuhl gesessen. Ich als Große – Neunjährige – musste immer Rücksicht auf die Kleinen nehmen.

Jedenfalls herrschte totale Panik auf den Straßen. Viele Leute haben ihre Tiere losgelassen, es rannten Kühe umher, manche Menschen sind regelrecht durchgedreht. Selbst mein Opa war aufgeregt. Er hatte so einen kleinen Terrier, und der war plötzlich weg, aber er hatte keine Zeit, ihn zu suchen. Gegen 22 Uhr hieß es dann: Der Treck muss sich in Bewegung setzen. Wir sind dann also los Richtung Grünberg. Es hieß: Wir werden vorübergehend über die Oder geschafft, weil dort der Russe nicht drüber kann. Da sind wir die ganze Nacht gefahren. Früh um sieben sind wir dann in Züllichau angekommen. Dort war eine Bäckerei, und dort kriegten wir erst mal zu Essen. Die Erwachsenen haben Kaffee gekriegt und wir Kinder Milch.

In Grünberg kamen uns deutsche Soldaten entgegen. Rücksichtslos! Wir kamen ja aus dem Flachland, und Grünberg hatte schon ein bisschen eine Hügellandschaft. Die Straßen waren gefroren, und die Wagen rutschten weg. Da sind viele Wagen umgekippt. Wir Flachländer hatten ja keine

Bremsvorrichtung an den Wagen, und die Pferde waren auch nicht für Eisstraßen beschlagen. In Grünberg wars ganz schlimm. Die deutsche Wehrmacht, die uns entgegenkam, hat uns rücksichtslos an den Straßenrand gedrängt. Sie haben uns noch zusätzlich Angst gemacht und gesagt, wir liefen den Russen entgegen. Die Menschen haben geschrien und geweint. Es war ein Chaos.

In Schloin haben wir in einem Gasthof gesessen, dort wurden wir erst mal an die Ortsbewohner aufgeteilt. Natürlich wollte niemand uns haben. Mutti und ich landeten dann bei einer Frau mit fünf Jungs. Und ich musste dann auch mit den Jungs zusammen schlafen. Dort sind wir also ein paar Tage gewesen, und da haben wir unseren Vati wiedergefunden. Die Volkssturmleute kriegten gesagt, wo die Dörfer untergebracht sind, und wurden dann entlassen. Wir hatten dann also als große Ausnahme unseren Vati wieder bei uns. Und der hat gesagt: »Das hat keinen Sinn hier, der Russe kommt! Wir müssen weiterziehen.«

Wir sind dann also weiter bis Lättnitz, wo wir ungefähr eine Woche in einer sehr kalten Dachkammer gewohnt haben. Dort hieß es auf einmal: »Der Russe kommt, wir werden eingeschlossen, aber es besteht noch die Chance für eine Familie. Da kommt noch ein Zug, der die Familien mitnimmt. Aber nur Frauen mit Kindern.«

Wir sollten ab früh am Samstag, am 10. Februar, auf dem Bahnhof sein, wann der Zug kommt, wusste niemand. Auch nicht, ob er überhaupt kommt.

Mein Vater ist dort zu dem Ortsgruppenleiter gegangen, und der wollte meinen Vater nicht mitlassen, und da hat der gesagt: »Ich lass jetzt meine Familie nicht alleine, ich melde mich dann dort, wo wir ankommen, sofort wieder beim Volkssturm.«

Mit dieser Aussage wars ihm dann erlaubt. Wir haben also von früh bis Nachmittag um vier auf den Zug gewartet. Und der kam rammelvoll an. Es war kaum ein Reinkommen. Uns haben sie gerade noch reingestoßen. Dann hieß es, es gibt keine Garantie, dass wir mit dem Zug gesund ankommen. Es kann sein, dass wir unterwegs beschossen werden.

Die Fenster von den Waggons mussten mit Decken verhangen werden, Säcke mit Gepäck mussten aus Schutz vor eventuellen Einschüssen vor die Fenster und Türen gestapelt werden. Licht durfte nicht gemacht werden, es hieß, wir fahren in Freystadt durch die offene Front. Es gab auch Einschüsse, aber bei uns wurde niemand getroffen. Aber es war gespenstisch. Im Zug herrschte Panik. Die Leute haben geheult und geschrien, welche wollten aus dem Zug springen. Aber das Deutsche Rote Kreuz fuhr mit, und die haben immer wieder etwas für Ruhe gesorgt.

Dann hieß es, wir sind jetzt durch die Gefahrenzone durch und sollten eigentlich nach Dresden. Da hieß es, dort werden alle Flüchtlinge erst einmal gesammelt. Wir wurden dann aber schließlich nicht nach Dresden gebracht, sondern in Nossen ausgeladen, das war am frühen Nachmittag des 11. Februar. In Nossen sind wir in einer Schule untergebracht worden. Auf dem Fußboden, der mit Stroh bestreut war. Rammelvoll in den Klassenzimmern, die Bänke waren alle raus, da waren welche mit Hund, in unserem Zimmer ist auch ein Kind gestorben, es war schlimm. Aber wir waren alle froh, dass wir erst mal irgendwie wieder aufgefangen waren.

Am nächsten Abend gab es etwas, das für uns Schlesier völlig fremd war: Fliegeralarm. Da mussten wir alle dort in den Schulkeller, der ein Heizungskeller war. Überall Wasserrohre. Wir saßen Mann an Mann, und da hieß es immer: »O jetzt hats wieder gerumst!« Und: »Wenn hier ein Rohr platzt, da ersaufen wir alle.« Absolute Panik. Das hat man alles so als Kind mitgekriegt. Ich hab mich immer an meine Eltern rangekuschelt. Aber dadurch hab ich mich auch behütet gefühlt. Dann war Entwarnung, und da sind wir raus. Der Himmel war feuerrot. Und da hieß es: »O Gott, haben wir Glück gehabt!« Wir wären ja alle umgekommen. Da haben wir dann von den schlimmen Angriffen in Dresden erfahren.

Später hat mir eine Schulfreundin erzählt, dass sie dort ihre Großmutter, ihre zwei Schwestern und ihre Mutter verloren hat. Sie selber ist zuerst aus dem Keller raus, in dem die anderen noch waren, und dachte, sie kommen gleich nach. Und sie dreht sich um und sieht, wie das Haus einfällt.

Wir waren dort noch eine Woche und dann hieß es, wir werden jetzt nach Oberfranken gefahren. Wir sind dann mit dem Zug transportiert worden und in Lichtenfels angekommen, bei Bamberg ist das. Die Unterbringung in der Schule war furchtbar. Wir lagen Mann an Mann auf dem blanken Fußboden. Es war kalt und furchtbar unsauber. Die Helfer vom Roten Kreuz hatten überhaupt keinen Überblick mehr und waren völlig überfordert. Mutti und ich haben uns dort eine schwere Erkältung zugezogen und benötigten auch einen Arzt. Dadurch durften wir dann ein Quartier in einer Berufsschule beziehen, wo wir besser versorgt und untergebracht waren. Nach einer Woche sollten wir wieder auf die umliegenden Dörfer verteilt werden.

Die Bauersleute standen mit ihren Fuhrwerken da und haben die einzelnen Familien mitgenommen zu sich aufs Dorf. Und da sind wir dann nach Oberleiterbach, ein Ort zwischen Lichtenfels und Bamberg, gekommen.

Wir hatten das Glück, beim Bürgermeister wohnen zu können. Der hat dann auch die Verteilung in die Hand genommen, weil uns niemand freiwillig nehmen wollte. Wir waren Preußen für die, halbe Ausländer, die wussten auch gar nicht, wo Schlesien liegt.

Dort, im Haus des Bürgermeisters, sind wir in einer kleinen Kammer neben dem Kuhstall untergekommen. Da waren zwei Stahlbetten, ein Ständer mit Waschschüssel, zwei

Stühle und ein kleiner Tisch. Unser Blick aus dem Kammerfenster ging auf den Misthaufen.

Gegessen haben wir bei der Familie. Wir hatten ja nichts. Die waren auch dazu verpflichtet. Die Familie natürlich erzkatholisch, und wir waren für die – besonders für die Frau, die war unfreundlich – eigentlich gar nichts. Der Mann hat das immer ein bisschen hingebogen. Vor dem Essen mussten wir immer warten, bis die ihren Rosenkranz gebetet hatten, dann hat uns der Bürgermeister an den Tisch gerufen. Die hatten auch ganz andere Essgewohnheiten. Da kam eine große Schüssel auf den Tisch, jeder hatte einen Löffel, und da sollte das so ausgelöffelt werden. Mich hat das als Kind immer angeekelt. Aber wir hatten ja Hunger.

Dort haben wir sieben Wochen gewohnt. Ich war dort schon in der Schule angemeldet. Der Bürgermeister hatte drei Kinder, und ich wollte mit denen ein bisschen spielen. Sie haben sich meine Vorschläge angehört und dann gesagt: »Der Pfarrer hat gesagt, ihr seid Preußen, und mit euch wollen wir nichts zu tun haben.« Also haben sie nicht mit mir gespielt, sondern mich weggejagt. Und am Ende haben sie mich sogar mit Steinen beschmissen.

Da habe ich eigentlich das bisschen Glaube, das ich so mitgekriegt hatte, verloren.

Weil meine Großeltern in Lättnitz nicht mit dem Zug mitgedurft hatten, war die Sehnsucht nach ihnen groß. Wir wussten ja nicht, wo sie waren und was aus ihnen geworden war. Es kamen dort aber laufend Flüchtlinge an, und die haben dann gesagt, dass der Kreis Grünberg nach Sachsen gekommen ist. Und das gärte nun in meiner Mutti.

Mittlerweile war Ostern. Mein Vati hatte sich wieder beim Volkssturm gemeldet und war als Wachtposten an den Panzersperren auf den Straßen eingesetzt. Auf dem Bahnhof im Nachbarort Pfaffendorf standen Munitionszüge. Und dort haben wir wieder den Ami erlebt. Auch schon die ganze Zeit zuvor. Die kamen im Tiefflug und haben direkt auf den Mann geschossen. Wir mussten im Nachbarort einkaufen gehen, und wenn ich mit meinem Vater unterwegs war, da kamen die wie die Pfeile runter und schossen. Wir hatten da einen Schutzengel. Einmal haben sie mich nur knapp verfehlt.

Mein Vater hatte also am Ostersonntag Wache gestanden bei den Munitionszügen und auf einmal hats einen Knall gegeben, und Rauchwolken und die Fenstergerippe die kamen bei uns im Ort angeflogen – das war vielleicht so drei Kilometer entfernt. Und da hieß es, die Amis haben in die Munitionszüge geschossen. Bei der ersten Detonation sind die Dächer abgefallen und bei der zweiten sind Häuser zusammengefallen und fingen an zu brennen. Und es dauerte nicht lange, da kamen Leute von dort beim Bürgermeister an, in Nachthemden, Mütter mit Kindern im Arm, Verletzte, es war furchtbar. 22 Menschen haben an diesem Tag den Tod gefunden.

Und unser Vati war dort gewesen. Wir haben gedacht, der ist sicherlich tot. Und am Mittag kam er dann – es gibt wirklich noch Wunder, hab ich da gedacht. Er ist mit der Panzerfaust auf der Schulter von dem Luftdruck in die Luft geschleudert worden und auf irgendeinem Acker wieder runtergekommen. Er hat furchtbare Prellungen gehabt, aber er hat es zu uns geschafft.

Und da hat meine Mutti gesagt: »Wir hauen hier morgen ab! Wir suchen jetzt die Eltern.« Und da haben wir uns auf eigene Faust, per Beene, ins Ungewisse aufgemacht. Viele Sachen hatten wir ja nicht, das waren, glaube ich, zwei Taschen. Züge fuhren nicht, also sind wir ab und zu mit deutschen Soldaten mitgefahren. Unterwegs haben wir immer mal in einer Schule übernachtet, so auch in Coburg. In Plauen haben wir dann noch einen Luftangriff miterlebt, zum Glück waren wir außerhalb auf einem Feld, als die Stadt bombardiert wurde. Dort haben wir auch die großen Bombentrichter gesehen. Plauen war ja total zusammengebombt. Wir haben Glück gehabt, dass wir immer mal wieder mit deutschen Soldaten ein Stück fahren konnten.

Von dort zogen wir weiter nach Crimmitschau in Sachsen. Für zwei Nächte fanden wir hier ein Privatquartier.

In Altenburg waren wir wieder in einer Schule untergebracht. Meine Eltern waren natürlich schon von der ganzen Lauferei kaputt, Mutti hatte ganz wunde Füße. Und da hat draußen ein Handwagen gestanden, und da hat mein Vater gesagt: »Ich hab noch nie was weggenommen, aber wir versuchen jetzt, den Handwagen zu kriegen, dass wir uns wenigstens abwechseln könne, dass sich da mal einer reinsetzen kann.« Und so haben wir es dann auch gemacht.

Vorher wollten sie meinen Vater noch erneut zum Volkssturm einziehen, so dass wir Hals über Kopf geflüchtet sind.

Zwischen Rochlitz und Mittweida, in Neugepülzig, konnten meine Eltern nicht mehr weiter. Da haben die sich in den Straßengraben gesetzt und beide geweint, und ich, als Kind, stand nun hilflos da und hatte Angst. Da winkte aus einem Haus an der Straße eine Frau, und zu der bin ich hingerannt. Sie hat gefragt, was ich habe, und ich habe gesagt: »Wir sind Flüchtlinge, die ganze Zeit schon auf der Straße, wir suchen meine Großeltern, die hier in Sachsen sein sollen, meine Mutti, die kann nicht mehr, die hat ganz offene Beine.« Da ist die Frau mit mir mitgekommen und hat gesagt, dass wir bei ihr wohnen können.

Die hatte so ein Häuschen, da hatte oben früher ihre Tochter gewohnt, die war aber ausgezogen, so dass wir dort einziehen konnten. Es war ein sehr nettes Ehepaar, Lindner. Hinten dran war ein großer Garten. Eigentlich sollte das bloß ein, zwei Nächte sein, aber Mutti brauchte dringend einen Arzt für ihre Füße.

Die letzten Tage des Krieges erlebten wir dort mit vielen Tieffliegerangriffen, so dass wir kaum das Haus verlassen konnten.

Unterdessen war der 8. Mai gekommen, und unser Dorf hatte sich durch das Zeigen der weißen Flagge ergeben. Auf der Dorfstraße trafen sich nun die Panzer der Amerikaner mit denen der Russen. Erst haben sie Warnschüsse abgefeuert. Als sie sich dann einig waren, ging der Russe zurück und der Ami blieb. Unser großer Garten wurde zum Übungs- und Sammelplatz. Die Bevölkerung atmete auf und war froh, dass der Russe weg war.

Die Amerikaner machten dann fast täglich Hausdurchsuchungen, wo sie nach deutschen Soldaten suchten. Auch bei uns sind sie gewesen. Aber als sie sahen, dass dort ein Paar lebte, sind sie wieder gegangen. Vati ist nichts passiert.

Es kamen auf der Straße laufend deutsche Soldaten und ergaben sich und kamen in Gefangenschaft. Wir Kinder haben immer zugeschaut. Die Amis hatten einen Laster, und wenn die Landser kamen, mussten die auf den Laster rauf und kamen in Gefangenschaft. Vom Garten aus hatte ich gesehen, dass da einer kam, der ein Fahrrad hatte. Ich hab dem dann gesagt, dass mein Vati das Fahrrad gut gebrauchen kann und dass es ihm sowieso von den Amis weggenommen wird. Da hat er mich gestreichelt und geweint – wahrscheinlich war es auch ein Familienvater – hat seinen Rucksack abgesetzt und hat sein Rasierzeug rausgenommen und den Rest hat er mir für Vati gegeben. Als ich mit dem Fahrrad nach Hause kam, hat Vati gesagt: »Du bist ne Griewe, Menschenskind! Wie haste das denn nun wieder gemacht?«

Die Amis haben die Sachen, die sie nicht gebraucht haben, alle dort im Garten liegengelassen. Ich hab dann meinen Vater komplett eingekleidet. Die Amis saßen am Nachmittag, nach ihrem Dienst, immer im Garten auf der Decke und haben gefragt: »Wo ist Hitler?« Das wollten sie immer wissen. Ich hab gesagt: »Ich weiß, wann er Geburtstag hat, aber wo er ist, weiß ich nicht.«

Und da haben wir dort mit auf der Decke gesessen, mit ihnen gespielt und haben Schokolade gekriegt. Eigentlich mussten die Amerikaner das, was sie nicht gebraucht haben, verbrennen. Aber die meisten haben gewartet, bis wir Kinder das, was wir gebraucht haben, weggenommen hatten, bevor sie Benzin drüber gegossen und es angezündet haben.

Die Eltern haben sich immer gewundert, was wir da alles angeschleppt haben, schöne Seife zum Beispiel.

Nach einigen Wochen, kurz nach meinem 10. Geburtstag im Mai, hieß es, die Amis ziehen wieder weg. Da haben die aber alles liegengelassen, was die dort gehabt haben. Da haben wir noch mal einsammeln können: khakifarbene Handtücher und viele Sachen. Wir hatten also mittlerweile wieder etwas Wäsche, mein Vater hatte Unterwäsche und hatte dann so Amihosen an, aber das spielte ja zu der Zeit gar keine Rolle.

Auf einmal hieß es: Wir Flüchtlinge, wir können wieder zurück nach Schlesien. Es wird ein Treck zusammengestellt. Da haben wir also unseren Handwagen genommen und sind dahin, wo der Treck zusammengestellt wurde. Von dort sind wir Richtung Döbeln, Leisnig.

Da standen wir also auf der Landstraße, da sieht meine Mutti auf einmal zwei Radfahrer. Als die näher kamen, sagt sie: »Mensch, das sind doch frühere Kunden von uns!« Da waren das wirklich welche aus unserem Nachbarort, wo mein Vater auch als Elektriker tätig gewesen war.

Die haben uns gesagt: »Lasst den Treck in Ruhe! Wir haben die Nachricht, dass wir Sonntag wegdürfen nach Schlesien.« Sie haben uns den Weg beschrieben – das waren vielleicht noch so zehn Kilometer – dort waren sie auf einem

Bauernhof untergebracht und wohnten über dem Pferdestall.

Abends sind wir dann dort angekommen. Graumnitz bestand bloß aus zwei Großbauerngütern. Wir haben also mit den zwei Familien dort über dem Pferdestall kampiert. Nach zwei oder drei Tagen hieß es: Nein, die Flüchtlinge bleiben hier, der Pole lässt niemanden mehr rein.

Und da haben meine Eltern mit den Bauersleuten verhandelt, und wir konnten dann über dem Kuhstall in einem der Zimmer von den früheren Ostarbeitern wohnen. Alles war verwanzt und voller Mäuse. Betten hatten wir erst keine, da mussten wir auf dem Fußboden schlafen. Mein Vater hat dann so Eisenklappbetten besorgt, da haben in den Gelenken aber auch die Wanzen gesessen. Ehe wir dort ein bisschen Mensch waren, das hat schon gedauert.

Die Sehnsucht meiner Mutter nach ihren Eltern war natürlich immer noch groß. Da fiel ihr ein, dass meine Oma einen Bruder in Berlin hatte. Und an den hat sie geschrieben. Da war es tatsächlich so, dass ein paar Tage vorher meine Großeltern dort angekommen waren. Das war dann im Juni 45. Bis dahin waren sie noch in Schlesien gewesen. Entweder hätten sie sich polonisieren lassen müssen oder sie mussten gehen. Vorher musste mein Opa aber noch für die Polen auf einem Bauernhof arbeiten. Dort ist es ihm aber gelungen, zusammen mit einem ehemaligen Nachbarn, zu flüchten. Und da ist er noch mal in unserem Heimatort gewesen. Sein Pferd hatte man ihm zwar weggenommen, das ist dann aber von allein wieder zurückgekommen. Und mit dem Pferd wollte er dann mit meiner Großmutter nach Berlin zu den Verwandten. An der Neiße hat ihm aber der Pole alles weggenommen. Das Pferd, den Wagen, alles. Meine Oma, die hatte ihre Aktentasche, da war das Geld drin und die Papiere, die hätte bald die Hand verloren, so haben sie die auf die Hand gedroschen, damit sie die Tasche loslässt.

Schließlich sind sie also mit nur einer Tasche in Berlin gelandet, und dort hat sie dann meine Mutter abgeholt, zusammen mit meiner Tante. Die Großeltern haben dann noch so ein Zimmer über dem Kuhstall gekriegt. Und ich habe mit meiner Tante Mariechen auch noch ein extra-Zimmer gekriegt. Der Mann von Marie war vermisst. Die Eltern arbeiteten nun also auf dem Gut, Mist laden und so was.

Im Nachbarort, in Schrebitz, bin ich dann ab September in die fünfte Klasse gegangen. Dass für mich die vierte Klasse ausgefallen war, war nicht schlimm, denn wir hatten ja alles bloß Neulehrer. Die alten Nazis waren entlassen. Gelernt haben wir erst mal nicht viel, denn es kamen auch immer wieder neue Flüchtlinge und andere gingen wieder weg. Erst im 7. und 8. Schuljahr hatten wir einen Lehrer aus Dresden, und der war eigentlich auch Vater für die ganze Klasse. Weil die meisten ja keinen Vater hatten. Ich war die Einzige, die einen Vater hatte.

Die Arbeit auf dem Bauernhof ist meinem Vater sehr schwergefallen. Auch die Demütigung durch den Bauern, der immer hinter ihm stand und Anweisungen gegeben hat, waren schwer zu ertragen für ihn. Der hat die Flüchtlinge nie mit dem Namen angesprochen, der hat immer nur gesagt: »Das müsst ihr so machen!« Mein Vater hat da sehr drunter gelitten; den hab ich manchmal weinen sehen. Wenn ich aus der Schule kam, habe ich immer gefragt: »Vati, warum bist du denn so traurig?«

Wir mussten aber immerhin nicht hungern. Wir hatten Kartoffeln und Quark, und das gab es eben drei Mal in der Woche. Aber da kamen Leute aus dem Erzgebirge, aus Chemnitz, das waren meist Mütter, deren Männer im Krieg geblieben waren. Die Bauern haben diese Leute derart ausgenommen. Die Bauersfrau hatte von ihrer Mutter so viel Wäsche geerbt und nahm es trotzdem noch von den Bettlerinnen im Tausch gegen ein paar Kartoffeln an. Einmal kam, nachdem die Bauernfamilie gegessen hatte, eine Frau und hat gefragt, ob sie etwas zu essen bekommen könne. Da sagte die Bäuerin: »Moment, ich muss mal sehen, ob der Hund schon was hat.«

Die Frau hat sich umgedreht und ist weinend gegangen. Da hatte ich so eine Wut auf die Bauersfrau. Später wurde das Land auch von denen ja aufgeteilt und den Neubauern gegeben. Da haben auch die Flüchtlinge, die wollten, Land gekriegt.

Mein Vater hat dann eine Stelle in Döbeln als Motorüberwacher einer Fabrik gehabt. Da gings ihm dann besser.

1966 sind wir dann das erste Mal wieder nach Kolzig gefahren. Meine Großmutter hatte einen Cousin, der dortgeblieben ist, und der hat uns eine Einladung geschickt. Anders konnte man nicht rüber. Bei dem Cousin haben wir dann gewohnt, und die sind mit uns dann nach Kolzig gefahren. Der Anblick war traurig, es sah furchtbar aus. Unser Ort war richtig verkommen. Aber die Polen fühlten sich dort auch noch nicht zu Hause, weil die auch noch nicht wussten, ob sie dortbleiben durften. Denn das waren ja auch Evakuierte von Ostpolen. Auch die anderen Dörfer, durch die wir gefahren sind, sahen so runtergekommen aus. Als wir durch Kolzig gelaufen sind, merkte man deutlich, dass man dort nicht willkommen war.

Bei unserem nächsten Besuch, zwei Jahre später, hatte sich in positiver Richtung im Dorf nichts geändert. Viele Häuser waren gar nicht bewohnt, und das, was gemacht worden war, war irgendwie Mist.

Aber die letzten drei Mal, die wir dort gewesen sind – das letzte Mal 2018 – da konnte man zusehends feststellen, dass die neue Generation ihr Erbe anders verwaltet. Glogau zum Beispiel, damals Festung, wo wir einmal übernachtet haben, das völlig zusammengeschossen gewesen ist, das hat man die ersten beiden Male gar nicht wiedererkannt. Ich habe meinem Mann nichts zeigen können, alles war weg. Aber das haben die Polen alles wieder aufgebaut, nach alten Fotografien. Die jungen Leute sind auch wissbegierig. Das Delikatessengeschäft von meinen Onkels und meiner Tante zum Beispiel, das war an so einer Ecke, und das war auch weggebombt gewesen, und das hatten die originalgetreu wieder aufgebaut. Und als wir dort mal gegessen haben und ich der Bedienung erzählt habe, was da früher war, hat sie mich gebeten zu erzählen. Und sehr viele konnten Deutsch. Die waren über alles, was man erzählt hatte, froh und aufgeschlossen. Mittlerweile gibt es sogar eine Stelle, wo man sich als Ehemalige melden kann, da sind die richtig hungrig auf solche Berichte.

Es gibt also in der Form keinen Hass mehr. Und mir persönlich war der Abschluss so angenehm, weil wir ja dann noch mal im Haus von meinem Opa waren und uns die Leute reingewinkt haben. Aber mir hats bald die Beine weggezogen, als ich das alles gesehen habe, wo ich als Kind gewesen war. Die Leute haben uns angeboten, wenn wir wieder mal hinkommen, können wir bei denen wohnen, und sie bemühen sich, Deutsch zu lernen. Der Abschluss war also sehr schön.

Der frühere Gasthof des Dorfes war jetzt eine Einkaufshalle, aber alles ordentlich gemacht und sauber. Wenn ich abends so im Bett liege, da stelle ich mir vor, dass dort die Dorflaternen brennen. Und dann gehe ich in Gedanken die Straße lang und erinnere mich an meine Heimat. Und ich habe in letzter Zeit sehr viel Heimweh. Ich denke dran, wie Mutti in den Wald gegangen ist, um Beeren und Pilze zu suchen, und wie ich mit meiner Freundin im Dorf gespielt habe. Es war halt meine Heimat.

Dorothea Müller 1943

Hans-Joachim Prillwitz, geb. 1938 in Lüllemin bei Stolp, Hinterpommern

»Man muss immer differenzieren. Man macht sonst ein ganzes Volk schlecht.«

Mein Vater war Melker – man sagte auch Schweizer dazu – auf einem Gutshof in Lüllemin. Meine Mutter war »in Stellung«, wie das damals so hieß. Sie arbeitete als Köchin und Bedienung in den Herrenhäusern Hinterpommerns. Als dann die Kinderschar immer größer wurde, blieb sie als Hausfrau zu Hause und unterstützte meinen Vater beim Melken und Füttern. Meine älteste Schwester musste dann auf uns Jüngere aufpassen. Wir wohnten in einer Kate zusammen mit zwei anderen Familien, die auf dem Gut angestellt waren. Gegenüber der Kate hatten wir einen kleinen Garten. Mein Vater hatte dort für mich und meine Schwester Marianne ein kleines Stückchen abgeteilt, so dass wir einen Platz zum Spielen hatten.

1931 wurde meine ältere Schwester geboren, 1938 ich, 1939 meine nächste Schwester, Marianne, 1944 kam dann Ingelore, und 1946, noch vor der Flucht nach Deutschland, Eva-Maria. Wir lebten zusammen in einem Wohnzimmer, einem Schlafzimmer, und die Küche war nur eine Kochnische. Alles wurde selbstgemacht: Butter, meine Mutter hat die Klamotten für uns genäht, sie hat beim Melken geholfen, selbst hatten wir auch noch Tiere, Schaf und Schwein, eine Kuh und die Lieblingstiere meiner Mutter: Gänse. Das bisschen Geld, was mein Vater verdiente, wurde für Stoff ausgegeben, aus dem meine Mutter dann die Sachen nähte. Socken und Pullover hat sie auch selbst gestrickt.

Mein Vater hat auch Holzpantinen gemacht, mit Leder drüber. Er hatte sich so eine Zugbank gebaut, wo er das Erlenholz einspannen und es dann mit so einem Zugmesser bearbeiten konnte, Erlenholz ist ja ganz weich. Wenn er mit den Kühen draußen war, hat er Körbe und Kiepen geflochten aus Weidenruten. Wenn Bäume gefällt wurden, kriegte das Holz ja das Gut, aber das Holz vom Stumpf und den Wurzeln, das durften wir uns mit den Nachbarn teilen. Mit Keilen, mit Hämmern und Äxten hat er das dann mit Hilfe der Nachbarn für uns zum Feuern gespalten.

Wir hatten auch einen Hund, Moppi. Meine große Schwester musste immer die Gänse hüten

Weil mein Vater für den Gutsbetrieb unabkömmlich war, wurde er nicht eingezogen. Nur beim Polenfeldzug war er dabei gewesen.

Als ich in die Schule kommen sollte, im September 1944, bekam ich eine Schiefertafel mit Griffel und eine Fibel. Die Kinder der Bauern schleppten große Schultüten. In der Fibel war die deutsche Schreibschrift in Groß und Klein und die Druckschrift in Groß und Klein. Ich war aber nur ungefähr zwei Wochen in der Schule. Wir hatten einen alten pensionierten Lehrer, weil die jungen alle an der Front waren, und der unterrichtete uns da. Wenn wir Pause hatten und die anderen Kinder auf dem Hof rumtobten, stellte ich mich voller Stolz an den Zaun an der Straße, damit vorbeifahrende Pferdewagen sahen, dass ich jetzt ein Schulkind war.

Es wurden alle Schüler von der ersten bis zur achten Klasse in einem Raum unterrichtet. Man musste auch noch was mitbringen für den Lehrer. Wir hatten ja nichts, aber die Kinder der Bauern brachten immer Speck oder eine Wurst mit. Ich wollte unbedingt Schreiben und Lesen lernen. Und als dann keine Schule mehr war, habe ich meine Schwester und meine Mutter immer gefragt, wie der ein oder andere Buchstabe heißt und habe mir selbst das Lesen beigebracht.

Wir bekamen immer noch die Zeitung, und da habe ich versucht, anhand der Todesanzeigen lesen zu lernen. »Für Volk und Vaterland gefallen.« Ich hab dann auch mit Schiefertafel und Griffel schreiben geübt. Mit der Zeit habe ich abends dann die einzelnen Todesanzeigen vorlesen können.

Abends kamen dann oft Männer vom Dorf und ließen sich von meinem Vater die Haare schneiden und erzählten dann immer alle möglichen Geschichten, vor allem Gruselgeschichten. Wir Kinder saßen dabei und haben gelauscht, saßen auf der Ofenbank rund um den Ofen, und das alles bei Kerzenschein.

Nun gings dann auf das Kriegsende zu, und da hat mein Vater aus Weidenruten solche Bögen gebastelt, für den Wagen, um darüber die Planen zu legen. Das hatte er bei den Flüchtlingen aus Ostpreußen gesehen, die schon durch unseren Ort gezogen waren. Die Leitern waren schon so weit vorbereitet, Planen bereitgelegt. Im Herbst dann musste man das Radio laut stellen, da gingen sie im Ort herum und kontrollierten, dass auch alle hörten, teilweise sollten wir dann auch mal die Fenster abdunkeln.

Als es dann so weit war, dass es hieß, der Russe kommt, wurde eingeteilt. Wir hatten ja alle fürchterliche Angst, wir waren ja von Hitler, von der Propaganda her, so vorbereitet.

Die Reisevorbereitungen waren alle mehr oder weniger geheim, eine offizielle Treckerlaubnis hatten wir noch nicht. Aber die Bürgermeister und die Verantwortlichen von der Partei oder SS, die haben mehr oder weniger die Augen zugedrückt. Weil die ja wussten, wenn der Russe kommt, müssen wir ja weg. Also haben die einzelnen Bewohner das alles in Eigenregie gemacht.

Dann, im März 1945, hieß es mitten in der Nacht plötzlich: »Der Russe kommt, wir müssen los!« Es war kalt, viel Schnee, alles war gefroren. Wir hatten Socken über die Schuhe gezogen, damit wir nicht wegrutschten. Vorher wurde eingeteilt, wer auf welchem Fuhrwerk fahren sollte. Wir kamen mit der Gutsfrau und den kleinen Kindern auf einen Leiterwagen. Die Männer von ihr, die waren Offiziere, die waren ja alle an der Front. Sie war alleine mit ihrer Tochter. Die Tochter, etwas älter als meine Schwester, hatte noch ein Hitlerbild, eine Hakenkreuzfahne und eine Pistole mit auf dem Wagen hinten drauf. Meine ältere Schwester hat das dann unterwegs immer so verschwinden lassen.

An den Seiten der Wagen hingen Reisekörbe, Säcke mit Betten, Esswaren, Töpfe und Eimer.

Vor allem Betten hatten wir drauf, weil die Kinder mussten ja eingemummelt werden, die Ingelore war ja erst ein halbes Jahr alt. Mein Vater blieb noch, weil er noch die Kühe abbinden und die Ställe aufmachen wollte, damit die Tiere nicht an der Kette verhungern. Er wollte dann mit dem Fahrrad nachkommen. Als er uns einholte, meinte er, dass die Russen schon an der anderen Seite des Dorfes reingekommen sind. Unsere Wagenkolonne ist dann los in Richtung Quakenburg. Wir wollten ja auf die Straße Richtung Stolp und weiter Richtung Oder. Aber wir mussten von der Straße runter, weil die deutsche Front ja zurückkam. Also haben sie uns abgedrängt, und wir mussten auf Waldwegen fahren. So sind wir dann den Russen entgegengefahren, weil wir in Richtung Nordosten gefahren sind. Wir sahen liegengebliebene Wagen und tote Pferde im Straßengraben.

Auch unsere französischen Zwangsarbeiter gingen mit uns mit. Sie wussten wohl nicht, welches Schicksal sie erwartete, wenn sie geblieben wären.

Zuerst waren wir in Freist, da hatte meine Mutter in einem verlassenen Haus Milch warm machen können. Die meisten Leute von dort waren ja geflüchtet. Während die Frauen für die Kinder etwas Warmes kochten, kümmerten sich die Männer um die Unterbringung und Fütterung der Pferde.

Dann kamen wir an ein Schloss. Viele schreiben ja, wie die geplündert haben, die Russen. Aber hier in dem Schloss, wo wir waren, Deutsche vom Treck, wie die geplündert haben! Die haben auf ihre Wagen noch was draufgeladen. Pelze und was weiß ich. Ich hatte so einen Schimmel gefunden mit einer Figur, die man draufsetzen konnte, die hatte so Reiterhosen an.

Auch hier das Neustrelitzer Schloss, das wurde ordentlich geplündert. Ich kenne Leute, die immer noch Gläser, Decken, Essbestecke und Geschirr zu Hause haben. Schritt für Schritt haben einige dann manches als Leihgabe ins Museum zurückgegeben. Aber vieles befindet sich noch bei Neustrelitzer Familien.

Später haben wir im Kuhstall im Stroh zwischen den Viechern übernachtet. Da konnten die Frauen Milch von den Kühen melken. Ganz früh kamen plötzlich deutsche Soldaten aus dem Stroh unter den Kuhkrippen hervor, die sich da eingegraben hatten.

Danach auch mal im Pferdestall, das war in Benzien. Das war ein bisschen gefährlich, denn da war eine Schnapsbrennerei, und da waren viele betrunkene Russen. Die suchten sich dann natürlich auch Frauen. Meine ältere Schwester, die war ja schon vierzehn und war auch schon recht entwickelt, und meine Mutter war ja gutaussehend, die sind aber alle nicht belästigt worden.

Es waren ja auch nicht alle von den Russen, die vergewaltigt haben. Ich weiß ja auch nicht, ob da der ein oder andere dabei war, dessen eigene Schwester oder Mutter auch von Deutschen vergewaltigt worden war. Die Wehrmacht hat sich ja auch nicht immer so aufgeführt. Manche haben sich ja auch sicherlich rächen wollen. Es waren aber nicht durchgängig alle. Man muss immer differenzieren. Man macht sonst ein ganzes Volk schlecht.

Die Rote Armee bestand ja nicht nur aus russischen Soldaten. Die Sowjetunion war ein Vielvölkerstaat. Die verschiedenen Völker unterschieden sich sehr maßgeblich, selbst innerhalb einer Völkerschaft unterschieden sich die einzelnen Menschen. Das ist die objektive Sicht, aber wir damals hatten diese objektive Sicht nicht, als Subjekte sahen wir alles subjektiv, so wie wir alles aktuell erlebten.

Danach waren wir in Criwan und Labuhn. Da sahen wir von Weitem schon: Da ballerte manchmal ein bisschen was und man hörte Motorengeräusche. Dann gabs Tiefflieger, die uns auch gesehen haben, aber nicht auf uns geschossen haben. Und dann sahen wir schon die riesen Autos da hinten, die sahen anders aus als unsere deutschen Autos. Und die Gutsbesitzerin und die Tochter hatten schon Angst. Die Franzosen haben die Betten vom Wagen genommen und der Bauersfrau gesagt, sie soll sich darin einwickeln, damit sie geschützt ist, wenn die Russen schießen. Die Franzosen haben sie also noch bemuttert, obwohl sie doch gar nicht so gut behandelt worden waren. Aber sie hatten immerhin ein Haus, wo sie wohnten und sie bekamen manchmal Pakete, in denen auch Schokolade war. Da bekamen auch wir Kinder manchmal ein Würfelchen ab. Die schmeckte so ganz anders als heute.

Die Russen kamen nun also auf uns zu, und alle hatten ganz toll Angst. Und die Frauen besonders. Sie haben erstmal von allen die Uhren und die Ringe eingesammelt, mein Vater musste seine Lederjacke abgeben. Darin waren seine Pfeife und die Tabaksdose, um die er später sehr getrauert hat. Aber er hat gleich mit den Russen Machorka geraucht, die haben sich totgelacht, dass er das nicht kannte mit dem Zigarettendrehen im Papier von der Prawda. Die Russen zogen dann weiter und sagten: »Paschli domoi! Geht nach Hause! Chitler kaput!«

Und dann sind wir wieder umgekehrt, nach Hause. Irgendwo haben wir dann in einem Pferdestall übernachtet, da waren auch Russen, die sich Mädchen geholt und unsere Franzosen mitgenommen haben. Dann ist ein Rad vom Wagen abgebrochen wegen der schlechten Wege, auf denen wir fahren mussten, und alle mussten den Wagen anheben, so dass er auf drei Rädern weitergerollt ist. Auf einem Bauernhof konnten wir dann ein Ersatzrad anbringen. In Criwan waren auch die Russen, und sie verlangten unsere Pferde zum Auto anschleppen. Wir haben sie nicht wiederbekommen. Unsere Männer fanden dann als Ersatz ein räudiges Pferd und einen Ochsen.

Vor Labuhn warnten uns zwei Burschen, die sich im Stroh versteckt hatten, dass wir nicht ins Dorf gehen sollten, weil dort die Russen Männer mitnehmen zur Zwangsarbeit.

In Quakenburg flatterten Geldscheine über die Straße.

Auf der Landstraße nach Lüllemin kamen plötzlich zwei Russen seitlich aus dem Gebüsch und verlangten Schnaps. Alkohol hatten wir nicht drauf auf dem Wagen, aber wir hatten Apfelsaft. Da hat meine Mutter ihnen zwei Apfelsaftflaschen gegeben, die haben sie getrunken und waren zufrieden damit.

Wir waren also wieder zu Hause. Mit allem, was wir mitgenommen hatten. Andere, die ebenfalls zurückkamen, hatten nur noch eine Tasche dabei. Ihnen war alles unterwegs abgenommen worden.

In unserem Haus waren die Türen aufgebrochen worden, Hühner stolzierten in den Räumen herum. Die Schubladen waren aus den Kommoden gezogen und durchwühlt, aber wir hatten ja nicht groß was. Wir hatten ein bisschen Bernstein da drin, den wir gefunden hatten, wenn wir manchmal an der Ostsee waren. Aber selbst das haben sie nicht alles mitgenommen. Sogar das Radio, das mein Vater unter dem Tisch versteckt hatte, war noch da.

Nach und nach kamen auch die anderen Dorfbewohner wieder zurück, und jeder suchte sich sein Vieh zusammen.

Die Russen haben dann vorübergehend im Gutshaus ihre Kommandantur eingerichtet. Die Gutsbesitzerin zog zum Kaufladenbesitzer. Der Kaufladen verkaufte nichts mehr. Zum Einkaufen wurden Marianne und ich nach Kunsow geschickt. Der eine Kommandant war richtig zahm, da machten die Russen, was sie wollten. Die Russen brauchten natürlich was zum Essen und Trinken. Sie kamen nachts, klopften an, mein Vater musste kommen zum Verladen. Schweine verladen. Heimlich. Die Vorgesetzten durften davon nichts wissen.

Mein Vater war ja jetzt verantwortlich für alle Tiere: für Pferde, Kühe, Schweine. Dafür, dass sie gefüttert wurden. Die Schweine und die anderen Tiere mussten gezählt und darüber genau Buch geführt werden, das kontrollierten die Russen alles. Die Schweineställe mussten sogar ausgekalkt werden, das verlangten die Russen. Mein Vater sagte ihnen, das ist gar nicht gut für die Ferkel, die haben die Farbe abgeleckt. Manchmal hatten Ferkel Rotlauf, und die sollten vernichtet werden, und die haben wir dann heimlich geschlachtet. Wir haben die gegessen und haben es alle überlebt.

Mein Vater war wegen seiner Stellung und auch wegen seines Wissens um die illegalen Geschäfte mancher Russen unabkömmlich, also unentbehrlich, und hatte dadurch eine starke Stellung. Aber er stand auch immer mit einem Bein im Grab. Die Russen haben ihn dann oft zum Feiern ihres Erfolgs eingeladen. Einmal kam er so betrunken nach Hause, dass er beinahe in die Jauchegrube gefallen ist, ausgerechnet an einem Tag, als es einen Schornsteinbrand gab.

Als er da ankam, hatten die anderen eine Eimerkette gebildet, um den Brand zu löschen. Und da, wo unser Herzhäuschen stand, war nur ein schmales Brett über der Jauchegrube, und er schwankte beim Drübergehen, schaffte es aber gerade so. Als er dann aber drüber war, ist er hingesunken und hat geschnarcht.

Wir wohnten am Ortseingang und konnten rechtzeitig sehen, wenn Fremde ins Dorf kamen. Wenn es Russen waren, haben sich die Mädchen immer ins Klohäuschen gerettet. Da kam ein Windstoß, und da flog die Tür auf, und da haben sich die Russen halb totgelacht. Aus Spaß haben sie auch die Tauben auf dem Dach mit dem Karabiner abgeschossen.

Abends haben sie dann auf der Brücke bei der Mühle ihren Zerrwanst rausgeholt und gespielt und dazu ihren Kasatschock getanzt. Und da kamen die Mädchen natürlich auch dahin, später, als sie keine Angst mehr vor ihnen hatten, und haben sich dann sogar mit den Russen angefreundet.

Meinem Cousin haben sie sogar die Freundin ausgespannt. Die Russen hatten einfach mehr Schlag bei den Mädchen.

Fremde Russen, die manchmal mit ihren Panjewagen durchkamen, haben sämtliche Radios und Nähmaschinen eingesammelt.

Wir durften uns nicht von dem bedienen, was wir auf dem Gut erzeugten. Wenn geerntet wurde, Kartoffeln oder so, kriegten wir nichts davon. Die mussten zur Fütterung des Viehs verwendet werden. Natürlich haben wir dann geklaut, und ich habe Schmiere gestanden. Die Russen meinten, dass wir ja einen Garten hätten und uns ja von dort versorgen konnten. Nach einiger Zeit wurden uns aber etwas Mehl, Öl und Zucker zugeteilt. Zum Leben zu wenig, zum Sterben zu viel.

Der Russe Nikolai hat einmal, als die Kommandantin nicht da war, ein Kalb geschlachtet und das Fleisch an die Familien mit Kindern verteilt.

Die Russen hatten ja Kolchosen, wo auch Frauen gearbeitet haben. Und die haben sich natürlich gewundert, dass in Deutschland die Frauen Hausfrauen sind. Wir hatten dann eine Kommandantin, und das war eine ganz Scharfe. Die hatte immer so eine Reitpeitsche bei sich. Die ging in die Häuser rein, knallte erstmal mit der Peitsche auf den Tisch und sagte: »Raboti! Dawai!«

Die Frauen mussten raus zum Arbeiten. War ja auch notwendig. Denn die Kartoffeln in den Mieten, die verfaulten im Winter. Und die mussten ausgelesen werden. Allerdings erstmal für die Tiere, die mussten ja gefüttert werden, weil die ja auch wieder für die Ernährung wichtig waren. Das hat sie dann in allen Häusern gemacht, die Frauen rausgejagt, und die saßen dann bei den Mieten. Und das bei dieser eisigen Kälte, bei Minus zehn, fünfzehn Grad. Das war dann im Winter 45/46. Das war ein harter Winter. Man hatte das Gefühl, dass die Kommandantin grausam ist, weil sie so fordernd war und ihre Untergebenen so gut im Griff hatte. Bei den Mieten hat sie die Frauen kontrolliert, ob sie richtig arbeiten. Und da hatte sie meine Mutter gesehen, und sie wusste, bei uns ist auch ein Baby, und wir waren ja auch noch Kinder, da hat sie zu ihr gesagt: »Du gehen nach Hause, du haben Kinder.«

Aber sie hat uns einmal auch den Schlitten weggenommen, weil sie mit ihrem Baby damit fahren wollte. Wenn sie gefragt hätte, hätten wir ihn ihr ja auch gegeben. Meine große Schwester hat ihn dann wieder zurückgeholt. Aber die Kommandantin hat sie ausgeschimpft und ihn wieder mitgenommen. Die Russenfrauen hatten mittlerweile fast alle Kinder bekommen.

Meinen Vater hatten sie einmal eingesperrt. Sieben Tage in den Bunker. Weil der Keller aber nicht zugeschlossen, sondern nur verriegelt war, hat sich mein Vater nachts immer nach Hause geschlichen zum Schlafen und ist am nächsten Morgen zurück. Als das aufflog, wurde der Bunker dann zugeschlossen. Und das alles, weil Ferkel totgewesen sind. Und da sagte mein Vater: »Die sind totgeworden, weil sie diesen Kalk von den Wänden geleckt haben und das nicht vertragen haben.« Meine Mutter ist dann, schwanger, in den Nachbarort zur übergeordneten Kommandantur gegangen und hat sich beschwert. Sie bekam auch recht, und er wurde dann wieder rausgelassen.

Einmal kamen Russenfrauen an, in Zivil, bildhübsch, geschminkt und so, die haben meinen Vater gesucht. Und wir Kinder haben uns schnell zwischen den Betten im Schlafzimmer versteckt. Da bekam ich ein ganz anderes Bild von den Russenfrauen. Zum Teil waren das Partisaninnen oder Soldatinnen oder Begleitposten, die für die Verpflegung der Soldaten zuständig waren. Oder auch medizinisches Personal.

Als ich mit Masern krank war, kam ein Russe rein und setzte sich zu mir ans Bett, und der konnte Deutsch sprechen. Und ich hatte Brehms Tierleben, das hatte ich aus dem Haus von Leuten, die schon über die Oder abgehauen waren, das hat mich interessiert, und da hab ichs mitgenommen. Der Russe nahm das Buch und guckte und fragte mich und unterhielt sich mit mir.

Wir hatten so eine Röhre im Ofen, da waren Honigwaben drin. Die Russen wussten, dass das immer unser Kühlschrank war im Sommer. Einer machte die Röhre auf, nahm die Wabe raus, leckte dran und stellte sie wieder rein. »Schön zumachen!«, sagte er. »Kamerad kommt und zappzerapp.«

Weihnachten 1945 hatten wir einen Tannenbaum geschmückt, da kamen zwei Russenfrauen und haben vor unseren Augen die Kugeln abgemacht und mitgenommen.

Wir sollten also dableiben. Und mein Vater, weil er so technisch begabt war, ist die Masten hoch und hat dafür gesorgt, dass der Strom wieder ging. Im Sommer, wenn das

Getreide gedroschen wurde, hatte er beim Dreschkasten einen Defekt hergestellt, dass die Maschine nicht ansprang. Nun sollte gedroschen werden, die Frauen wurden zusammengetrommelt, und die Maschine ging nicht. »Prillwitz soll kommen, Prillwitz Spezialist!«. Und da hat er dann dafür gesorgt, dass das, was er vorher kaputt gemacht hat, wieder funktionierte.

Zusammen mit einem anderen hat er so dafür gesorgt, dass er unersetzlich war, damit wir bleiben konnten. Außerdem lebte er ja ständig in der Angst, dass er von den Kommandanten als Mitwisser für den Schweineschmuggel zur Rechenschaft gezogen wurde. So hat er versucht, sich unentbehrlich zu machen, damit ihm auch nichts passierte, wenn der Schmuggel oder anderes aufflog.

Einmal kamen fremde Russen mit dem Panjewagen, die ihn nicht kannten, die sahen seine Stiefel, und wollten ihn erschießen.

Mein Vater hatte sich Stiefel »organisiert«, wie das damals hieß. Und das waren gute Offiziersstiefel, nicht solche Knobelbecher, wie die Soldaten hatten. Man wollte ihn also erschießen, wahrscheinlich dachten die, dass er ein hohes Tier bei den Nazis gewesen war. Sie hatten ihn schon in den Schuppen geführt. Meine große Schwester hatte das mitgekriegt und hatte gleich im Kuhstall, da haben ja auch die Russenfrauen gearbeitet, gesagt: »Schnell, die wollen meinen Vater erschießen!« Da sind die Russenfrauen hin und haben gesagt: »Nicht erschießen! Kommunist. Guter Mensch.« So ist er nochmal davongekommen.

Meine Mutter hat sich aber trotzdem darauf vorbereitet, falls wir doch noch wegmüssen. Es rückten ja immer Polen nach. Die waren aber nicht deutschenfeindlich. Wir Kinder, Marianne und ich, sind immer ins Nachbardorf zum Einkaufen gegangen. Da waren Polen, die hatten dort den Laden. Und die haben uns dann gefragt, wo wir herkommen. Wir sind immer durch das Moor gegangen, auf so einem Pfad. Da haben sie uns gewarnt, dass wir da nicht langgehen sollen, das sei zu gefährlich. Wir sollten am Waldrand langgehen, das sei zwar weiter, aber sicherer. Die haben uns also sogar noch geholfen.

Weil viele aus dem Dorf schon »über die Oder« gegangen waren, hat auch meine Mutter gepackt: Gardinen, Tischdecken, Wäsche, Essbesteck und Geschirr und alles, was man so braucht im Haushalt. Aber nicht, um es mitzunehmen, sondern um es bei den Polen im Nachbardorf Krussen zu Geld zu machen. Geld, das sie brauchte, um die Unterlagen, die wichtig waren, zu besorgen. Zum Beispiel die Reisegenehmigung, die mein Vater in Stolp auf der polnischen Kommandantur eingeholt hat. Dort mussten wir auch den Daumenabdruck abgeben. Das alles musste aber heimlich geschehen, weil unsere russische Kommandantur davon nichts wissen durfte. Die wollten ja, dass wir dableiben. Wir sollten ja die Wirtschaft führen. Einer nach dem anderen ging weg, und wir gehörten schon zu den Letzten. Wer will in einem fremden Land bleiben, wo fast niemand seine Sprache spricht? Wir wussten ja auch, dass nicht die Russen bleiben, sondern dass alles Polnisch wird.

Wir sind also dann im September 1947 mitten in der Kartoffelernte, mit der Kleinen, Evi, ein Jahr alt, und Ingelore, drei Jahre, im Kinderwagen losgezogen. Meine andere Schwester war ja auch erst acht, und ich neun inzwischen. Meine Mutter hatte Rucksäcke genäht für vorn und hinten, und da hatten wir alles drin, was wir brauchten. Wir Kinder konnten ja kaum was schleppen. Meine älteste Schwester ist mit meinem Vater noch dortgeblieben.

In Kublitz haben wir uns alle dann wiedergetroffen. Dort warteten wir bei einem polnischen Bauern ein paar Tage auf den Transport von Stolp.

Mein Vater hatte seinen Beobachtungsposten auf einem Friedhof, da ging die Straße vorbei, und er hat gesehen, dass da immer Leute aus Lüllemin kamen, die nach uns suchten.

Der Bauer fuhr uns dann nach Stolp, als wir erfuhren, dass ein Eisenbahn-Sonderzug nach Deutschland geht. Wir sind also nach Stolp in so ein Hospital, wo wir uns zusammen mit anderen Deutschen im Keller in solchen Nischen versteckt haben, unser Gepäck hatten wir davorgestellt. Es kamen immer wieder Leute, die uns gesucht haben, weil sie nicht wollten, dass wir gehen. Die Deutschen sollten dableiben. In dem Hospital waren Unmengen von Menschen, die warteten alle auf den Treck.

Als es dann, mitten in der Nacht, hieß, jetzt ist der Zug soweit, sind wir alle zum Bahnhof gelaufen. Da musste man aufpassen, dass die Kinder nicht verloren gingen. Es gab Gedränge, und es gab auch Tote dabei, die einfach übertrampelt wurden. Manche kriegten einen Herzschlag.

Von dem Kinderwagen ging dauernd das Rad ab, meine große Schwester lief immer daneben, und alle paar Meter hat sie mit dem Fuß das Rad wieder drangetreten.

Am Bahnhof kriegten wir dann die Nummern der Wagen zugeteilt. Mein Vater wurde zum Waggonführer für unseren Wagen bestimmt. Das waren alles Güterwagen, zum Teil gingen die Türen gar nicht zu. Und da fuhren wir stundenlang, tagelang, etwa zwei Wochen, immer im Zickzack. Die Notdurft zu verrichten, war kaum möglich. Zum Essen bekamen wir so eine Erbswurst, die schmeckte sogar gut. Da konnte man mehrere Portionen davon abmachen, mit Wasser verdünnen und erhitzen, und da war es eine Erbsensuppe. Ab und zu hielt der Zug an in irgendwelchen Ortschaften, da mussten wir alle raus, zum Entlausen, wir hatten ja alle Krätze und Läuse. Da kriegten wir so ein Pulver in die Haare gegen Läuse. Wir sahen alle aus wie Verbrecher. Einmal mussten wir auch zum Duschen. Alle nackt in den

Duschraum rein, Männer getrennt von Frauen und Kindern. Die Klamotten wurden auch desinfiziert.

Ich weiß noch, dass wir mal in Posen angehalten haben, und da stand gegenüber auf dem Bahnsteig so ein Stenz. Mit Lackschuhen, ordentlich gekämmten und gescheitelten Haaren, ganz dunkel gekleidet. Da habe ich geguckt und mich gefragt: Ist das ein Mensch? Das habe ich immer noch als Bild vor mir. Als krassen Gegensatz dazu, wie wir aussahen.

Später habe ich dann den Verlauf der Fahrt rekonstruiert. Es ging über Stolp-Schlawe-Rummelsburg-Neustettin-Schneidmühl-Posen-Forst-Leipzig.

Bei Forst gings über die Neiße und dann in Richtung Leipzig. In Leipzig wurden wir dann in Taucha in den Baracken eines ehemaligen KZ-Außenlagers von Buchenwald untergebracht. Das war zum Quarantänelager umfunktioniert worden. Dort waren Doppelstockbetten mit Brettern und Strohsäcken darauf. Und da kamen nachts die Wanzen runtergeflogen und belästigten einen. Da hatte man überall Einstiche. Alles war überbelegt in den Baracken, mehrere mussten sich ein Bett teilen. Aber da kriegten wir wenigstens zu essen. Wir waren da ungefähr drei Wochen drin.

An einer Anschlagtafel hingen Listen, auf denen stand, wohin die einzelnen Familien kommen sollten. Wir sollten nach Audigast, und da ging es über Groitzsch, da mussten wir von Taucha mit der Straßenbahn bis zum Hauptbahnhof in Leipzig fahren, und von dort laufen bis zum Bayerischen Bahnhof. Da haben wir die total zerstörte Stadt gesehen. Vom Bayerischen Bahnhof sind wir dann am 19. Oktober, dem Geburtstag meiner Mutter, nach Groitzsch gefahren und wurden dort mit dem Fuhrwerk nach Audigast gebracht. Dort warteten wir in der Alten Schule darauf, dass uns jemand abholte. Aber während der eine und der andere abgeholt wurde, wollte uns Kinderreiche keiner haben.

Schließlich kamen wir aber doch zu einem Bauern nach Schnaudertrebnitz. Dort wurden wir auf dem Spreuboden über einem Stall eines Großbauern untergebracht. Da musste man die Treppe hochgehen, da war erstmal wie so ein Gefängnisgatter, wie ein Gitter, da wohnte der Knecht drin. Wir mussten weitergehen, an Kammern vorbei mit Mohnkapseln und Öl. Die Mohnkapseln haben wir dann zum Heizen benutzt. Da war dann ein Raum mit einem kleinen vergitterten Fenster, davor eine riesen Kastanie. Total duster drin, kein Stuhl, nur zwei Betten mit Brettern ohne Auflagen und ein Vertiko ohne Rückwand. Als Tisch diente eine ausgehängte Tür. Das war alles. Und da sollten wir jetzt wohnen. Kinderreich. Damals lebte ja noch die Ingelore, die Evi, Marianne, Traute und ich und meine beiden Eltern. Also wir waren sieben Personen. In dem einen Raum mit zwei Betten ohne was drin.

Im Winter musste ja geheizt werden, aber da war weder ein Ofen noch Heizmaterial drin. Mein Vater hatte aber auf dem Müll, »auf der Asche« sagten wir, so ein kleines eisernes Öfchen gefunden und ein Ofenrohr. Und weil kein Schornstein da war, hat er ein Loch in die Wand gemacht und das Ofenrohr rausgesteckt. Weil das aber keinen Abzug gehabt hat, hat das fürchterlich gequalmt. Im Winter mussten wir das Fenster aufreißen, damit wir überhaupt Luft hatten. Aber man musste ja heizen und vor allem kochen.

Über unserer Kammer waren noch Vorratsräume, Getreide oder sowas, da rieselte durch die Bretterritzen immer Spreu und Dreck auf uns runter.

Dafür, dass wir dort wohnen konnten, musste mein Vater noch auf dem Gut arbeiten. Er kümmerte sich aber um eine Arbeit in Groitzsch und wurde dort dann in einer Chemiefabrik angestellt, wo Schuhcreme hergestellt wird. In diesem Zimmer wohnten wir den ganzen Winter, den Sommer auch und bis zum Herbst 1948.

Nach den Weihnachtsferien sollte ich in Audigast in die Schule gehen, in die Neue Schule. Vorher war ich ja noch nie in der Schule gewesen, außer den zwei Wochen damals. Inzwischen war ich ja neun Jahre und hätte in die dritte oder vierte Klasse kommen müssen. Aber ich kam in die erste. Dann habe ich aber schnell zwei Klassen übersprungen.

In meiner Klasse war ich das einzige Umsiedlerkind und musste mir so einiges anhören wegen meines pommerschen Dialekts. Durch meine zunehmend guten Leistungen war ich aber bis zur achten Klasse von allen akzeptiert.

Irgendwann bekamen wir dann auch eine Wohnung. Mein Vater hatte sich eine Armbinde drumgemacht, »Flurschutz«, weil die Städter plünderten ja die Felder. Und der hatte ja immer so ein Verantwortungsgefühl und hat aufgepasst, dass die nicht die Ähren abschneiden. Die kamen ja von Leipzig, hatten sich Rucksäcke vorn und hinten umgebunden. Die Plünderer kamen mit dem Zug, und die saßen nicht nur im Zug, die saßen sogar auf den Dächern. Nach der Ernte durfte man ja auch nur dann stoppeln, wenn dieser Wisch weggenommen worden war, so ein Stab mit einem Strohgebinde dran, und so lange dieser Stab noch stand, durfte man noch nicht rauf zum Stoppeln. Weil die Bauern ja auch noch das Letzte brauchen konnten, das sie dann zusammengeharkt haben. Die mussten ja abliefern, und die wollten selber ja auch leben.

Einige, die wie wir von Hinterpommern waren, besuchten uns immer, und dann jammerten sich die Erwachsenen gegenseitig was vor. Wie schön es doch in der Heimat gewesen war und so.

Meine Tante ist im Nachbarort von Lüllemin geblieben. In späteren Briefen hat sie dann aber geschrieben, dass sie sich unter den Polen nicht mehr wohlfühlt, weil sie die einzige verbliebene Deutsche in dem Dorf war. Mein Vater organisierte dann später, in den fünfziger Jahren, dass sie mit

Gepäck und allem Drum und Dran richtig nach Sachsen kam, wo sie hingewollt hatte. Dann fühlte sie sich aber bei den Sachsen gar nicht wohl und wollte wieder zurück. Weil die Sachsen ja auch so ein bisschen ein eigenartiges Volk sind.

Und die wollten ja auch keine Umsiedler haben. Wir als kinderreiche Familie, uns wollte ja sowieso keiner. Wir wurden von den Sachsen schlechter behandelt als vorher von den Russen.

Dann wurde meine 1944 geborene Schwester Ingelore, von einem Nachbarn versehentlich totgefahren. Er fuhr rückwärts seinen Wagen auf die Straße, und Ingelore war befreundet mit den Nachbarskindern, die liefen noch hinter dem Wagen vorbei, und sie wollte noch hinterher, dann hatte sie aber die Pferde gesehen und hatte Angst vor Pferden, und wollte zurück, und dabei wurde dann ihr Kopf zwischen der Häuserwand und dem Fuhrwerk zerquetscht. Mein Vater hat geheult wie ein Schlosshund.

Ein paar Jahre nach der Wende sind dann meine Frau und ich nach Lüllemin gefahren, aber das Haus, in dem wir gewohnt hatten, stand nicht mehr. Und sonst standen nur noch Gebäuderuinen auf dem Gut. Ich konnte das alles meiner Frau zeigen. Das Gutshaus stand nur noch zur Hälfte. Als die Polen, die darin wohnten, sahen, dass wir da mit dem Auto auf dem Platz vor der Molkerei standen, da machten die gleich das Tor zu, das inzwischen da war. Wir haben aber alles angeguckt, auch die Ställe und so, kam mir alles viel kleiner jetzt vor.

Landschaftlich ist vieles ähnlich wie hier in Mecklenburg, aber hier sind wir alt geworden und hier soll auch unsere letzte Heimat sein.

Hans-Joachim Prillwitz mit Schwester Waltraud
vor dem Gutshaus in Lüllemin

Barbara Trux, geb. 1925 in Breslau, Niederschlesien

»Ich denke gern zurück an meine Heimat. Dass wir die Heimat verlassen mussten, war das Schlimmste überhaupt.«

Ich komme aus einer Arbeiterfamilie. Mein Vater war Metallarbeiter gewesen, meine Mutti war zu Hause. Vor ihrer Heirat hat sie als Näherin gearbeitet. Ich hatte noch vier Geschwister. Mein großer Bruder Georg ist 1920 geboren, mein nächster Bruder kam dann 1931, dann wieder 1941 und 1942. Wir haben wunderbar gewohnt, ich wollte nie wegziehen aus Breslau. Wir wohnten am Stadtgraben in einem Haus in der vierten Etage, mit Balkon hinten raus zum Garten runter. Und nebenan hatten wir einen großen Spielplatz. Dann war da der Stadtgraben und dort floss die Ohle vorbei und dahinter hatten wir die Promenade, die Liebigshöhe. Und trotzdem wohnten wir im Zentrum, wir mussten nur ungefähr eine Viertelstunde laufen, dann waren wir am Ring.

Mit fünfeinhalb Jahren kam ich in die Schule, weil ich mit meiner Freundin zusammen in einer Klasse sein wollte. Ich bin gern in die Schule gegangen, auch wenn ich Mathe nicht so mochte. Deutsch hat mir viel Spaß gemacht, Diktate und Aufsätze habe ich gern geschrieben.

Ich war auch im Jungmädelbund, später im BdM. Mit Politik hatte das überhaupt nichts zu tun. Wir hatten Heimatabende, wir haben Socken für die Soldaten an der Front gestrickt, wir haben Lieder gesungen. Politisch sind wir überhaupt nicht konfrontiert worden. Es war eine Gemeinschaft, wir haben uns getroffen, und es war schön.

Ich hatte einen Onkel, der war Revierförster in Namslau, das ist in Richtung der polnischen Grenze. Dort habe ich mein Pflichtjahr gemacht. Der hat immer gesagt: »Wenn was ist mit deinem Bruder, schick ihn zu uns, den verstecken wir!«

Dort habe ich auch ganz nette Volksdeutsche kennengelernt, die haben zu mir gesagt: »Bleib bei uns! Hitler gewinnt den Krieg nicht.« Da war ich im Stillen ein bisschen entsetzt. Die ahnten das, die hatten mehr gewusst als wir.

Mein großer Bruder war beim Arbeitsdienst, und als der Krieg ausbrach, ist er sofort übernommen worden, kam gar nicht nach Hause. Er hat von Anfang an den Krieg mitgemacht, oben in Ostpreußen. Weihnachten 1944 war er nochmal auf Urlaub, und seitdem haben wir nichts mehr von ihm gehört.

Als Anfang September 1939 die Mobilmachung war, sind die Autos die Landstraße entlanggefahren. Und da hat meine Tante gesagt: »Nimm deine Sachen und fahr du nach Hause!«

Ich habe von meinem Onkel und meiner Tante nie wieder was gehört. Die wollten auch von ihrem Forsthaus nicht weg, die sind sicher dortgeblieben.

Vom Krieg haben wir in Breslau nicht viel erlebt. Wir hatten kaum Bombenangriffe, uns ging es gut. Für Politik habe ich mich damals noch nicht interessiert. Wir waren jung und hatten andere Interessen. Ich habe dann eine Lehre als Schuhverkäuferin bei Salamander gemacht.

Am 20. Januar 1945, einem Samstag, ging alles ganz schnell. Früh brachte man uns noch die Lebensmittelmarken, und abends, so gegen 18 Uhr, hieß es plötzlich: »Frauen und Kinder sofort raus!«

Mein Vater war kriegsversehrt vom 1. Weltkrieg, der hatte ein steifes Bein, der war also nicht bei der Wehrmacht, der durfte aber nicht mit. Der hat dann noch zwei Jahre in Breslau gelebt.

Wir mussten also mit meinen zwei kleinen Brüdern und meinem älteren Bruder raus. Das muss für meine Mutti wirklich schlimm gewesen sein. Aber ich hab gedacht: »In drei Wochen bist du wieder zu Hause.« Und das war vielleicht gut so.

Wir haben also das mitgenommen, was wir in Koffern tragen konnten - mein jüngster Bruder saß ja noch im Sportwagen, der andere ist vorne drauf gesessen - und sind nach Breslau zum Bahnhof gegangen. Wir sind dann in einen Personenzug eingestiegen, der natürlich gerammelt voll war.

Wir sind eine Woche mit dem Zug kreuz und quer gefahren. An den Bahnhöfen haben wir immer zu essen und trinken gekriegt, hungern mussten wir nicht. Aber die Stimmung wurde mit der Zeit schon sehr gereizt. Tagsüber standen wir wegen den Tieffliegern, und nachts sind wir gefahren. Meine Mutti, die sagte immer: »Die fahren uns bloß hin und her.«

Als der Zug dann in Leipzig hielt, sind fast alle ausgestiegen. Die hatten es alle satt gehabt. Meine Tanten sind später von Breslau weg, die sind aber in Dresden gelandet. Wir waren alle zerstreut. Da gabs dann eine Stelle, wo man sich melden musste, und so hat man sich dann wieder gefunden.

In der Nähe des Bahnhofs sind wir dann in einer Pension untergekommen. Danach wurden wir dann in Lindenau verteilt, da sind wir in einer Schule untergekommen. Meine Mutti wollte dort aber nicht bleiben und ist dann in den Häusern fragen gegangen, ob sie Flüchtlinge aufnehmen. Da waren wir dann bei einer verwitweten Lehrersfrau, meine Mutti, meine zwei kleinen Brüder und ich. Mein anderer Bruder, der war damals zwölf, hat in der Nähe bei einer anderen Frau im Haus geschlafen, war aber tagsüber bei uns.

Den Menschen, die uns aufgenommen haben, den wird's auch nicht leichtgefallen sein.

Als mein Vater dann 1947 aus Breslau rausgeworfen wurde – bis dahin hatte er für die Polen arbeiten müssen und durfte nicht raus – ist er mit den anderen in eine der Westzonen gekommen. Da habe ich ihm geschrieben, dass er dortbleiben soll und wir zu ihm hinkommen. Aber er hat zurückgeschrieben, dass es dort mit Arbeitsmöglichkeiten nicht gut aussah und dass er deshalb nach Leipzig kommt. Das habe ich ihm nie verziehen.

Als der Krieg zu Ende war und die Amerikaner eingezogen sind, haben wir am Fenster geguckt, wie sie so an den Mauern langgeschlichen sind. Später bekamen wir dann eine eigene Wohnung, auch in der Endersstraße. In der ersten Zeit habe ich viel geheult. Ich hatte Heimweh.

Das erste Mal zurück nach Breslau bin ich, da war ich schon verheiratet. Mein Bruder Jochen war auch mit. Später war ich noch ein paar Mal in Breslau gewesen.

Als ich wieder vor meinem Elternhaus stand, war ich traurig. Unsere Straße hatte Glück gehabt. Die ganzen Häuser standen noch. Vorn an der Ecke, am Café Brand, da haben wir als Kinder immer lange Hälse gemacht, um durch die Fenster von außen durchgucken zu können. Daneben war ein Kino, das Atrium, da sind wir immer in die Kindervorstellung gegangen, dann fingen die Häuser an und dann kam die Hase-Villa, vom Besitzer der Bierbrauerei. Die hatten einen großen Garten, und dort in der Villa war früher die HJ drin gewesen. Die hatten den Besitzer rausgejagt. Und an dieses große Gebiet schlossen sich drei Häuser an, und in einem davon hatten wir gewohnt.

Ich denke gern zurück an meine Heimat. Dass wir die Heimat verlassen mussten, war das Schlimmste überhaupt.

Barbara mit Eltern und älterem Bruder Jörg in Breslauer Wohnung 1926

Barbara Kommunion 1933

Barbara Trux 1941

Nachwort

Wann endet die Flucht, und wann beginnt die Vertreibung? Allein über diese Frage könnte ich einige Seiten schreiben. Ebenso wie über die Begrifflichkeiten. Austreibung, Um- und Aussiedlung, Ausweisung u.v.m. Das Bundesvertriebenengesetz von 1953 definiert die Kategorien: Heimatvertriebene, Vertriebene und Flüchtlinge. Der Flüchtlingsbegriff wird hier jedoch ausschließlich für Menschen verwendet, die aus der Sowjetzone geflohen waren. Deutsche, die in Reichsgebieten östlich der Oder und Neiße oder im Ausland gelebt hatten und infolge Vertreibung durch Ausweisung oder Flucht nach Deutschland gelangt waren, werden danach als »Vertriebene« bezeichnet. Menschen aus dieser Gruppe, die bereits vor 1937 dort gewohnt hatten, als »Heimatvertriebene«.

Interessant ist nicht nur die unterschiedliche Behandlung dieser Gruppe von Menschen, sondern auch die unterschiedliche Bezeichnung. In der Sowjetischen Besatzungszone (SBZ) nämlich gab es seit 1947 den Befehl, diese Menschen als »Umsiedler« zu bezeichnen. Mit 4,3 Millionen hatte die SBZ eine große Zahl von Flüchtlingen und Vertriebenen aufgenommen und damit die Verpflichtung, sie unterzubringen und zu verpflegen. Allein in Mecklenburg war bald jeder zweite Einwohner ein »Umsiedler«. Dieser Begriff wurde auch aus Rücksicht auf die Sowjetunion und die sozialistischen Bruderländer eingeführt. Auch um die wahren Umstände der Vertreibung zu verschleiern. Schließlich hatte Polen fast die Hälfte seines Vorkriegsterritoriums im Osten an die Sowjetrepubliken Litauen, Weißrussland und die Ukraine verloren und war dafür mit Ostpreußen, Hinterpommern, Ostbrandenburg und Schlesien entschädigt worden.

Ein paar Jahre nach Gründung der SED wurde der Begriff »Umsiedler« durch den Begriff »Neubürger« noch weiter verharmlost.

Interessant ist auch die unterschiedliche Behandlung und Stellung der Vertriebenen (der Einfachheit halber benutze ich nur diesen Begriff) in den beiden Systemen. Während 7,9 Millionen von Menschen in den drei westlichen Besatzungszonen und auch noch nach Gründung der BRD jahrelang in Lagern unter teilweise erschreckenden Bedingungen hausen mussten, wurden die Menschen, die buchstäblich alles verloren hatten, in der SBZ und später der DDR sehr bald schon vollständig in die Bevölkerung integriert. Allerdings gab es auch hier Lager, in die die »Neubürger« noch Ende 1947 eingewiesen wurden (siehe Erzählung Prillwitz und Alt). Darunter waren auch Außenlager von KZ, in denen während des Krieges Häftlinge hausten, die vor Ort in Fabriken als Zwangsarbeiter schuften mussten.

Vor allem während der sogenannten »wilden Vertreibungen«, die kurz vor Ende des Krieges im Sudetenland und Teilen des späteren Westpolens begannen und mit der Potsdamer Konferenz im Juli/August 1945 noch nicht abebbten, erlebten die Deutschstämmigen erniedrigende und unmenschliche Behandlungen. Zwischen Lagern (auch das ehemalige KZ Theresienstadt wurde zu so einer Aufnahmeeinrichtung) hin- und hergeschoben, in Stadien oder in den Prager Kinos festgehalten und einer Art Gehirnwäsche durch politische Vorträge und Dokumentarfilme unterzogen, schlecht ernährt und unter unsagbaren hygienischen Bedingungen, wussten sich viele nicht anders als durch Selbstmord zu helfen. Es gab Fälle von Lynch- und Selbstjustiz, es gab Exekutionen wie die von 265 Deutschen aus der Slowakei im mährisch-schlesischen Prerau. Manche irrten im polnisch-tschechischen Grenzgebiet wochenlang umher, weil sie weder diesseits noch jenseits der Grenze willkommen waren. Selbst Juden und Antifaschisten, die erst kurz vorher aus den Konzentrationslagern befreit worden waren, landeten in dieser gesetzlosen Zeit erneut in den Baracken eben jener Lager, die ihre ehemaligen Peiniger für sie errichtet hatten.

Erst mit dem Inkrafttreten der Durchführungsbestimmungen zum Potsdamer Abkommen im November 1945 bekam die Vertreibung der Deutschen zwar keinen - wie gefordert - »humanen« Anstrich, doch wenigstens lief ab dann alles etwas organisierter ab. Darüber hinaus wurde aber nach einem der Dekrete vom Präsidenten der Republik Tschechoslowakei, Edvard Beneš, die am 28. März 1946 von der Nationalversammlung gebilligt wurden, sämtliches bewegliche und unbewegliche Vermögen der noch im Land lebenden Deutschen konfisziert und unter staatliche Verwaltung gestellt.

Die Menschen, die in der sowjetischen Besatzungszone landeten, wurden dort oft in ländliche Gebiete geschickt. Viele von ihnen hatten aber keine Ahnung von der Landwirtschaft, und so konnten sie mit dem Land, das ihnen im Zuge der Bodenreform zugeteilt wurde, oft nicht viel anfangen. Einer meiner Zeitzeugen erzählt von seiner Zeit als »Neubauer« in Sachsen.

Insgesamt erhielten zwischen 1945 und 1950 91.000 Vertriebene – mit Familienanhang handelte es sich um ungefähr 350.000 Personen – einen Teil des vorher enteigneten Grundbesitzes zur landwirtschaftlichen Nutzung zugeteilt. Die SMAD hatte verfügt, dass die Umsiedler vorwiegend in den Regionen Mecklenburg-Vorpommern und Brandenburg angesiedelt werden sollten. Fast die Hälfte der Einwohner in Mecklenburg-Vorpommern waren daher im Jahr 1949 Neubürger, in Brandenburg knapp ein Drittel. Erst mit der Landflucht in den fünfziger Jahren verschoben sich hier die Verhältnisse.

Dazu kamen die Ressentiments der ursprünglich dort ansässigen Bauern, die ihnen wenig Hilfe zuteilwerden ließen. So zog es viele der »Neubauern« Jahre später in die entstehenden Trabantenstädte, die rund um die neuen Industriezentren in Stalinstadt (heute Eisenhüttenstadt) oder Hoyerswerda entstanden. Dort, in der aufzubauenden Schwerindustrie hatten sie dieselben Chancen zum Aufstieg wie die Alteingesessenen. Weniger qualifizierte Arbeiter fanden im Bergbau, besonders im Uranbergbau, eine Beschäftigung.

Was man allerdings auch anmerken muss: Im Gegensatz zum Westen erhielten die Vertriebenen im Osten zunächst keinerlei finanziellen Ausgleich nach dem Lastenausgleichsgesetz von 1952 für verlorenes Eigentum (und wie viele ehemalige Gutsbesitzer hatte es damals im Westen gegeben! – Ironie aus). Lediglich 300 Mark pro bedürftigen oder arbeitsunfähigen Erwachsenen und 100 Mark für deren Kinder wurden den Betroffenen durch die sowjetische Militäradministration ausgezahlt. Nach der Wende erhielten die Vertriebenen dann noch einmal einen Nachschlag von 4000 DM.

Im Gegensatz zu Westdeutschland war es den Vertriebenen in der DDR untersagt, sich mit Landsleuten zu treffen, um die Kultur der Heimat zu pflegen. Vergleichbare Verbindungen wie die Landsmannschaften in der BRD gab es nicht. Undenkbar, dass sich sogar eine politische Partei für die Belange von Flüchtlingen einsetzte, wie westlich der innerdeutschen Grenze bzw. der Demarkationslinie.

Trotzdem blieben die »Fremden«, die »Polacken«, die aus dem Osten, gerade in Westdeutschland noch viele Jahre auf Grund ihrer Herkunft stigmatisiert und wurden an den Rand der Gesellschaft gedrängt. Viele Leidensberichte zeugen davon. In den hier vorliegenden Berichten von Menschen, die im Osten Deutschlands eine neue Heimat zu finden hofften – oder eben einfach hier »ausgeladen« wurden - scheint von diesen Ressentiments wenig auf. Lag es daran, dass es in der späteren DDR wenig gab, das man zu verlieren fürchtete oder teilen musste?

Die vorliegenden Protokolle betreffen, wie die Leser bemerkt haben werden, ausschließlich Vertriebene, die im Osten Deutschlands ansässig geworden sind. Ich habe Frauen und Männer interviewt, die heute in Sachsen, Thüringen, Berlin und Mecklenburg-Vorpommern leben. Die meisten sind in der Gegend geblieben, in die es sie damals verschlagen hatte; oft am selben Ort. Bei meiner vorherigen Recherche in der Literatur bzw. im Netz bin ich allerdings hauptsächlich bzw. ausschließlich auf Zeugnisse von Menschen gestoßen, die es in eine der drei westlichen Besatzungszonen verschlagen hat. Insofern ist vielleicht dieses Buch doch eine wichtige Ergänzung im großen Kanon der Literatur über das Thema »Flucht und Vertreibung«.

Im Übrigen hatten die Vertriebenen keinen Einfluss darauf, wohin sie von den für den Transport und die Verteilung verantwortlichen Besatzungsmächten (hauptsächlich Engländer und Sowjets) geschickt wurden. Willkürlich wurden die Menschen in einen Zug gesetzt, der eben nach Sachsen oder Bayern fuhr. Manche stiegen in Sachsen aus, weil sie der tagelangen Fahrt müde waren und bereuten dies später tief, wenn sie erfuhren, dass das Endziel des Zuges irgendwo im Westen gewesen war.

Meine Interview-Erzählungen enden auch nicht mit dem 8. Mai, dem Tag der Befreiung oder der Kapitulation - je nach Sichtweise. Denn was mir auch erst durch diese Interviews klargeworden ist: Das Sterben ging noch Jahre nach Kriegsende weiter. Der Krieg forderte also auch noch nach seinem Ende viele Opfer: Menschen, die wegen der unzureichenden Versorgung verhungerten. Menschen, die wegen Krankheiten, die sie sich auf der Flucht zugezogen hatten und die wegen der schlecht ausgebauten medizinischen Infrastruktur nicht adäquat behandelt werden konnten, starben. Menschen auch, die psychisch das erlebte Leid, die Verluste von Angehörigen und Hab und Gut, auch den Verlust der Heimat, einfach nicht verkrafteten, denen jeder (Über-) Lebenswille abhandengekommen war. Auch das fand ich wichtig zu erzählen.

Im gedruckten Buch ist eine Seite aus dem Archiv der Stadt Neustrelitz abgebildet, auf der einige der Suizide aus dem März/April 1945 aufgeführt sind. Darunter auch die Familie, deren Auffinden ich in meinem Roman »Die falsche Heimat« schildere, und deren Schicksal mir durch das Interview mit Wilfried Baganz bekanntgemacht wurde. Er hat mir auch dieses Dokument zur Verfügung gestellt.

Wie Wilfried Baganz schon im Anschluss an sein Gedicht schrieb, trugen für viele Zerstörungen in Neustrelitz die Nationalsozialisten die Verantwortung. Ein anderer Zeitzeuge, Hans-Joachim Prillwitz schrieb mir dazu Folgendes:

»Greifswald wurde auf Befehl des Oberst Rudolf Petershagen an die Rote Armee übergeben. Eine mutige persönliche Entscheidung, aber er hatte nicht nur die Vernunft, sondern auch die Macht dazu, ungeachtet in seinem Bewusstsein, als Volksverräter bestraft zu werden.

In Neustrelitz dagegen haben einfache, aber mutige Einwohner bei Gefahr, an die Wand gestellt zu werden, von den Nazis vorbereitete Sprengungen von Brücken, Eisenbahnstrecken, Schleusen u.a. sabotiert. Besonders Frauen zwangen den Bürgermeister, die Stadt nicht zu verteidigen. Zwar weigerte er sich, war aber einer der Ersten, die fluchtartig verschwanden. Die Frauen sorgten für weiße Tücher an vielen Gebäuden, und ein Bürger fuhr mit dem Fahrrad zum Stadtrand, um die eintreffende russische Armee zu instruieren, dass Neustrelitz sich nicht verteidigen wird.

Das Schloss brannte bereits vor dem Eintreffen der russischen Armee. Das Schloss war bekanntlich Führerschule für

Leibesertüchtigung, eine Außenstelle der Berliner Institution. Tage vor dem Brand wurden mit Pferdewagen Kisten und Kartons vom Neustrelitzer Bahnhof zum Schloss transportiert, was mir Zeitzeugen berichtet haben. Vielleicht enthielten diese Behältnisse schriftliche Unterlagen, die nicht in falsche Hände geraten sollten. Es liegt also nahe, dass die Nazis vor ihrer Flucht das Schloss selbst angezündet haben. Aber, wie gesagt, das ist natürlich eine propädeutische Vermutung, denn offizielle Belege gibt es nicht und Zeugen, die dabei waren, melden sich freiwillig nicht; man kann also nur der logischen Schlussfolgerung vertrauen.

Das Theater könnte Opfer einer Bombe geworden sein, welche die englischen Bomber auf dem Rückflug nach England zur Neubeladung willkürlich ohne bestimmtes Ziel abgeworfen haben.

Zerstört war in Neustrelitz nur maximal 10%, das Meiste davon durch Deutsche selbst.

Richtig ist, dass das Schloss in der Nacht vom 29. zum 30. April bereits brannte, wobei deutsche Bürger der Stadt noch schnell ordentlich plünderten. Erst am frühen Morgen des 30. April marschierte die russische Armee in Neustrelitz ein, aber ohne die Stadt zu zerstören, dank der mutigen Verhaltensweisen einfacher Neustrelitzer Bürger. Einzelne Schießereien gab es hier oder da wohl, aber aus unklaren Beweggründen.«

Soweit Hans-Joachim Prillwitz.

Doch wie war es für die ehemals Geflüchteten und Vertriebenen zurückzukommen? Auch das interessierte mich, und so berichten meine Zeitzeugen davon, wie es war, nach Jahren und Jahrzehnten wieder ihre alte Heimat zu besuchen. Denn fast alle Frauen und Männer hatten das Bedürfnis, so bald als möglich, zu ihrem Eltern- oder Geburtshaus zurückzukehren. Einfach, um sich noch einmal zu versichern. Auch um Abschied zu nehmen. Endgültigen Abschied. Denn die Flucht oder die Vertreibung hatte dazu ja keine Zeit gelassen. Fast alle hatten ja damals noch gehofft, es handele sich bloß um eine kurze Zeit, die sie fern der Heimat würden warten müssen, bis »alles« vorbei war. Dass sich im Anschluss an den Krieg eine derart umfassende Neuordnung Europas anschließen würde, hatte damals keiner geahnt.

Die Erfahrungen vor Ort waren ganz unterschiedlich. Von Ablehnung der neuen Bewohner bis hin zu warmem Empfang fanden sich auch hier alle Schattierungen menschlicher Reaktionen.

Es war für mich ungeheuer bereichernd, all diese Menschen kennenzulernen. Ich habe es als großes Geschenk empfunden, dass sie sich mir, einer völlig Fremden, anvertraut und von ihren dunkelsten Tagen erzählt haben. In der E-Book-Ausgabe habe ich aus Kostengründen (als Selfpublisherin, hinter der kein großer Verlag mit seiner Moneypower steht, muss ich leider hin und wieder Zugeständnisse machen) keine Abbildungen eingefügt, die in der Druckausgabe ein zusätzliches Bild der interviewten Personen ermöglichen. Leider war es nicht allen Zeitzeugen vergönnt, Fotos mitzunehmen bzw. sie zu retten. Die Geschichte von Dorothea Müller findet sich auch in dem Büchlein »Ihr seid auch bald dran«, in dem ihr Sohn Frank Müller auch die Erlebnisse anderer Familienmitglieder bei ihrer Flucht aus Schlesien festhält.

Die Idee zu meinem, den Interviews vorangestellten, Essay kam mir, als mir meine Mutter von ihrem Lehrer und Nachbarn Gerhard Wendenhorst erzählte, und ich mich an einen Besuch bei ihm erinnerte. Weil mich dieser Mann damals so beeindruckt hatte, habe ich mich entschlossen, auch seine Erinnerungen auf diese Weise mit einzubeziehen. Als Grundlage dienten mir dabei zwei kleine Bücher, die er selbst herausgegeben hatte und die ich im Essay erwähnt habe. Mein Onkel, der zu seinem Lehrer eine noch engere Verbindung gehalten hatte, als meine Mutter, besitzt einige seiner Aquarelle und Zeichnungen, und ich habe ein Aquarell, das mir wegen seiner modernen Expressivität besonders gefallen hat, in diesem Buch abgebildet.

Nun aber noch einige Ausführungen zu den Gründen bzw. historischen Grundlagen der massenhaften Zwangsumsiedlungen am Ende des Zweiten Weltkrieges.

Das Prinzip der »Entmischung«, der »ethnischen Steuerung«, das nach Ende des Zweiten Weltkrieges angewandt wurde, hat seine Wurzeln in viel früher liegenden Geschehnissen. Das Ziel dahinter - das jedoch nie erreicht wurde - war, eine Befriedung einer Bevölkerung zu erreichen, indem man die Minderheiten in das Land verbrachte, in dem die jeweilige Ethnie in der Mehrheit lebte. So geschehen zum Beispiel 1923 nach einem mörderischen Krieg zwischen der Türkei und Griechenland. Dieses »Ethnic Engineering« wurde als probates Mittel gegen Nationalitätenkonflikte und Minderheitenprobleme gesehen. Aber die Wurzeln dieses Denkens liegen schon im 19. Jahrhundert und in dem Bestreben einiger Länder nach nationaler Selbstbestimmung, die zu erlangen man hoffte, indem man Sprach- und Kulturgrenzen in Übereinstimmung bringen und die Bevölkerung »ethnisch« homogenisieren wollte. Bereits in den Balkankriegen 1912/13 und bei der türkischen Deportation der Armenier ab 1915 wurden Vertreibungen und Zwangsumsiedlungen als Mittel der Politik durchgesetzt. Neuen Konfliktstoff bot dann am Ende des Ersten Weltkrieges der Versailler Vertrag, durch den die Deutschen in vielen Ländern zur Minderheit wurden, die um ihre Rechte kämpfen musste.

Dass die Verschiebung Polens in Richtung Westen bereits im Pakt zwischen Hitler und Stalin – zwei der größten Kriegsverbrecher aller Zeiten – 1939 angelegt war, ist nur eines von vielen merkwürdigen Fußnoten in der Geschichte.

Polen sollte aufgeteilt werden und als Land von der Karte verschwinden. Letztlich verschwand es nicht, sondern rückte westwärts. Und in der Folge dessen waren zunächst die Polen des ursprünglichen Ostpolens diejenigen, die von den Ukrainern (damals noch zur Sowjetunion gehörend) in Deutsch besiedelte Gebiete vertrieben wurden, in denen oft noch die Deutschen lebten.

Noch vor der ersten großen Kriegskonferenz der »Großen Drei« im November 1943 in Teheran gab Stalin zu verstehen, dass er die im Geheimen Zusatzprotokoll zum Nichtangriffspakt vom August 1939 und dem einen Monat später geschlossenen Grenz- und Freundschaftsvertrag zwischen der Sowjetunion und Hitler-Deutschland vorgesehenen und nach dem Überfall Deutschlands auf Polen von der Sowjetunion besetzten polnischen Gebiete nicht an Polen zurückgeben wollte. Mit drei Streichhölzern, so heißt es, habe Churchill die von Stalin gewünschte Grenzverschiebung anschaulich gemacht, nachdem sein Außenminister gesagt hatte: »Was Polen im Osten verliert, könnte es im Westen gewinnen.« Auch die Tatsache, dass damit eine Vertreibung der Polen nach Westen und eine der Deutschen aus dem Osten einhergehen müsste, war den Alliierten klar.

Nach der Kapitulation begannen die sogenannten wilden Vertreibungen in den deutschen Ostgebieten. Erst drei Monate später in Potsdam einigten sich die Alliierten endgültig und formal auf die Umsiedlung der Deutschen.

Schon im Oktober 1944 wurden mehr als hunderttausend Polen aus ihrer ehemaligen Heimat in Ostpolen in die zukünftige neue Heimat – ehemals deutsches Gebiet – gen Westen »evakuiert«. Nur dass dort, wo sie hinkamen, die deutschen Bewohner oft noch lebten. Also hausten sie, so sie die Deutschen nicht gewaltsam vertrieben, von Ort zu Ort ziehend, schließlich in irgendwelchen Lagern im Südosten Polens.

Für die Deutschen gab es spätestens im Mai und Juni 1945 kein Zurück mehr. Polnische Einheiten hatten die Übergänge an Oder und Neiße gesperrt. Aus Flüchtlingen waren Vertriebene geworden.

Ein großes Problem für diejenigen, die vor der heranrückenden Roten Armee flüchten wollten, war die völlig die Realität verkennende Weigerung Hitlers, die Erlaubnis dazu zu erteilen. Erst im Juli 1944 genehmigte er die Evakuierung der Deutschen im Memelland. Mit Schiffen wurden etwa 50.000 Menschen nach Pillau, Danzig oder Gdingen gebracht. Als dann Ende Oktober in Ostpreußen, im kleinen Ort Nemmersdorf etwa drei Dutzend Zivilisten beim Einzug der Roten Armee ums Leben kamen, instrumentalisierte die NS-Propaganda dieses »Massaker von Nemmersdorf«, um die Grausamkeit und Brutalität der Sowjetsoldaten zu unterstreichen. So wurden auch wahrheitswidrige Angaben gemacht und gestellte Fotos veröffentlicht, auf denen den toten Frauen die Röcke hochgezogen wurden, um zu insinuieren, dass sie vergewaltigt worden seien. Daraufhin entstand eine Massenpanik.

Während in manchen Orten und Städten die Verantwortlichen der NSDAP schon heimlich geflohen waren und sich, ihre Familien und, soweit das möglich war, ihr Hab und Gut in Sicherheit gebracht hatten, harrten die Alten, die Frauen und Kinder – die Männer waren ja größtenteils an der Front oder gefallen – teils auf gepackten Koffern und mit vorbereiteten Leiterwagen, auf die Treckerlaubnis. Sich ohne diese zu entfernen, hätte mit dem Tod bestraft werden können. So kam es, dass erst in letzter Minute unglaubliche Menschenmassen im Januar 1945 bei Minus zwanzig Grad Kälte oder mehr über Eis und Schnee und immer in der Gefahr, von zurückflutenden Wehrmachtverbänden rücksichtslos von den Straßen gedrängt zu werden, ihre Heimat gen Westen (oder Norden über das vereiste Frische Haff) verließen. Die

Dramen, die sich gerade auf dem Eis abspielten, wo die Menschen zudem noch den alliierten Tieffliegerangriffen schutzlos ausgeliefert waren, füllen ganze Bücher. Die Kleinsten erfroren zuerst. Viele Mütter merkten nicht einmal – oder wollten es nicht wahrhaben – dass sie ein totes Baby in ihren Armen hielten. Die Straßengräben und der Grund des Meeres waren übersät mit Leichen.

In einer endlich angelaufenen Rettungsaktion gelang es der deutschen Kriegsmarine noch, 900.000 Flüchtlinge und 350.000 Verwundete über die Ostsee zu bringen. Die Kreuzfahrtschiffe, mit denen ebenfalls Menschen evakuiert wurden, hatten einst für die NS-Organisation »Kraft durch Freude« Arbeiter in den günstigen Urlaub befördern sollen. Jetzt wurden sie für viele zum letzten Ausweg – oder, wie im Fall der »Wilhelm Gustloff« und anderer – zum eisigen Grab.

Nach Kriegsende war das Leid der Deutschen jedoch noch lange nicht vorbei. Jene, die in ihrer Heimat geblieben waren, wurden nun zunehmend von den »wilden Vertreibungen« erfasst. Vor allem in Polen und der Tschechoslowakei mussten viele Deutschstämmige im Sommer 1945 innerhalb weniger Stunden ihre Häuser mit allem, was darin war, verlassen. Andere wurden interniert oder zur Zwangsarbeit verschleppt. Es kam zu Plünderungen, Massenerschießungen und anderen Gewalttätigkeiten. Viele starben während der Elendszüge an Krankheiten und Erschöpfung.

Im Oktober 1945 begannen dann – gemäß dem Potsdamer Protokoll vom August – die organisierten Vertreibungen, die bis Ende 1947 gingen. Wenig war jedoch von der von den Alliierten in Artikel XIII geforderten »ordnungsgemäßen und humanen Weise« zu spüren. Niemand kontrollierte, wie genau der Besitzwechsel ablief, es herrschte ein Klima der Rache und Rechtlosigkeit.

Meinen Besuch im Dokumentationszentrum »Flucht, Vertreibung, Versöhnung« in Berlin habe ich in großen Teilen im Roman »Die falsche Heimat« rekapituliert. Dort ist unter anderem ein Bullauge aus der »Wilhelm Gustloff« zu sehen, wenn auch unter all dem Rost kaum zu erkennen. Es hatte jahrzehntelang, zusammen mit dem Wrack und den Gebeinen all der Ertrunkenen auf dem Boden der Ostsee gelegen.

Auch sonst kann man im Museum – vor allem in der 2. Etage – eine gute Übersicht zum Thema »Flucht und Vertreibung« in all seinen Schattierungen erhalten.

Zum Schluss bleibt mir nur, Ihnen, liebe Leserin, lieber Leser zu danken, dass Sie sich mit mir und den Zeitzeugen in die Tiefen einer unrühmlichen und schmerzvollen Geschichte begeben haben. Manche und manchen wird das Erzählte vielleicht an eigenes Erlebtes erinnern. Vielleicht trägt es auch dazu bei, einen Abschluss zu finden. Für mich klingt in den meisten Erzählungen etwas Versöhnliches an. Und das ist gut so. Denn wir Nachgeborenen müssen ja irgendwie weiterleben. Müssen uns mit unseren eigenen Dämonen, mit den Kämpfen unserer eigenen Zeit auseinandersetzen – und da ist seit dem 24. Februar 2022 leider wieder all das Kriegs- und Flüchtlingselend sehr nah an uns herangerückt.

Auch deshalb habe ich meinen Roman in der Gegenwart angesiedelt. Denn über Flucht und Flüchtlinge zu schreiben, ohne die aktuellen Dramen einzubeziehen, wäre mir sowohl unklug als auch wenig einfühlsam vorgekommen.

Wie immer möchte ich Sie gern dazu einladen, mir Ihre Meinung mitzuteilen. Entweder als Rezension oder auch persönlich an meine Mail-Adresse: lottercornelia@gmail.com.

Über aktuelle Vorhaben sowie meine Arbeit können Sie sich gern auf meiner Autoren-Website: www.autorin-cornelia-lotter.de informieren. Oder folgen Sie mir auf Facebook.

Am Ende werden Sie noch eine Leseprobe aus meinem Roman »Die falsche Heimat« finden.

Jetzt bleibt mir nur noch, Ihnen alles Gute zu wünschen und zuzurufen: Bleiben Sie mir gewogen!

Ihre Cornelia Lotter
Leipzig im Februar 2023

Danksagung

Dieses Buch hätte es nicht gegeben ohne die vielen Menschen, die bereit waren, über ihre traumatischen Erlebnisse bei ihrer Flucht und/oder Vertreibung zu berichten.

Für manche war das nicht einfach, kamen doch all jene Bilder und Gefühle wieder hoch, die sie teilweise lange verdrängt hatten. Auch Tränen sind geflossen, was mir gezeigt hat, dass – egal, wie lange die Geschehnisse schon zurücklagen – das erlittene Leid immer noch in ihnen nachwirkt. Ihnen gilt mein ganz besonderer Dank.

Besonders möchte ich mich bei Wilfried Baganz aus Neustrelitz bedanken, auf den ich durch die Phoenix-Reportage »Als die Russen kamen und gingen« aufmerksam wurde. ((339) (Doku in HD) Als die Russen kamen und gingen - YouTube)

Er hat mir viele Dokumente, Briefe und Fotos überlassen, aus denen ich teilweise im Roman zitiere bzw. dessen Familienschicksal die Grundlage für einige meiner Figuren und deren Erleben bildete.

Die Gespräche habe ich alle – bis auf eine Ausnahme (telefonisch) – persönlich geführt.

Ich danke allen Frauen und Männern, die zum Gelingen des vorliegenden Buches beigetragen haben.

Mögen Ihnen noch viele Jahre bei guter Gesundheit beschieden sein!

Herzlich
Ihre Cornelia Lotter

Leseprobe aus dem Roman »Die falsche Heimat«

Der Koffer

»Wir haben einen Koffer gefunden«, teilte eine Männerstimme Veronika mit. Sie kannte weder die Stimme noch die Nummer, die auf ihrem Display angezeigt wurde. Und sie hasste es, am Sonntag in aller Herrgottsfrühe aus dem Bett geklingelt zu werden. Sie war noch nicht richtig wach. Am Vorabend war sie nach langer Zeit einmal wieder in einer Bar gewesen. Der ein oder andere Mojito hätte wohl nicht sein müssen.

»Was?«, fragte sie mit krächzender Stimme zurück.

»Hallo? Spreche ich da nicht mit Veronika Kleebusch? Hier ist Völkel, der neue Besitzer Ihres Elternhauses.«

Jetzt war Veronika einigermaßen wach. Das Gesagte drang nun langsam in die entsprechenden Hirnregionen vor. Ein Koffer. Gut. Was sollte sie mit einem Koffer? Koffer hatte sie genug. Sie war kurz davor, ihm zu sagen, er solle ihn wegwerfen. Doch seine nächsten Sätze ließen den Rest Benommenheit schwinden. »Er war eingemauert. In einer Nische. Wir bauen doch gerade das Dachgeschoss aus. Da haben wir ihn entdeckt.«

Ein eingemauerter Koffer? Wieso um alles in der Welt sollte jemand einen Koffer einmauern? Die nächste Frage war folgerichtig.

»Was war drin?«

»Viele Seiten beschriebenes Papier, vielleicht Briefe. Wir haben nicht so genau geguckt. Das meiste ist in dieser alten

Schrift, die können wir sowieso nicht entziffern. Ach ja, eine goldene Uhr war auch noch drin.«

Alte Briefe, die sie nicht würde entziffern können. Was sollte sie damit? Sie hatte sich nie für die Vergangenheit ihrer Sippe interessiert. Die Familie ihres Vaters hatte schon seit Generationen in ihrem Elternhaus gelebt und im angebauten Trakt eine Tischlerei betrieben. Vielleicht waren sie Nazis gewesen und hatten deshalb den Koffer eingemauert? Über die Familie ihrer Mutter, so wurde ihr mit einem Mal klar, wusste sie so gut wie nichts. Doch interessierte sie das?

Sie hatte bis jetzt jene Menschen immer belächelt, die sich intensiv mit Ahnenforschung beschäftigten. Das war ja mittlerweile zu einer Art Volkssport geworden, weil mit dem Internet jede Menge Recherchemöglichkeiten zur Verfügung standen. Sie selbst hatte schon Werbemails erhalten, in denen ihr angeboten worden war, einen Stammbaum zu erstellen.

Man musste nicht mehr mühevoll in alten Kirchenbüchern stöbern und sich dem Staub von Archiven aussetzen. Erst als der neue Eigentümer sich räusperte, merkte Veronika, dass sie ihm noch eine Antwort schuldig war.

»Sie können den Koffer abholen, wann immer Sie Zeit haben«, sagte der Mann. Ein junger Mann, der mit seiner Frau und den beiden Schulkindern in das alte Haus eingezogen war. Ihnen mache die Lage an der lauten Bundesstraße nichts aus, hatte er ihr bei der Besichtigung gesagt. Vielleicht hoffte er auch darauf, dass die seit Langem geplante Ortsumgehung endlich in Angriff genommen werden würde. Sie hatte ihm die Hoffnung gelassen. Schließlich hatte sie den alten Kasten bestmöglich loswerden wollen.

Nun würde sie wohl noch einmal hinfahren müssen. Warum zögerte sie, ihm die gewünschte Antwort zu geben?

Sie war die Einzige, die noch von ihrer Familie übriggeblieben war. Ihre Mutter war vor einem Jahr gestorben, ihr

Vater schon Jahre vorher. Geschwister hatte sie nicht. Auch von Tanten und Onkel wusste sie nichts. Und sie selbst hatte auch schon die sechzig überschritten, auch wenn ihr diese Tatsache manchmal völlig unbegreiflich erschien. Vor allem dann, wenn sie sich wie vierzig fühlte. Was zugegebenermaßen immer seltener vorkam. Häufiger fühlte sie sich wie achtzig. Wenn die Gelenke knackten oder sie nur noch mit Mühe und unter heftigem Schnaufen die zwei Etagen zu ihrer Wohnung in der Stadt hinaufsteigen konnte. Sie schob es aufs Wetter: zu heiß, zu schwül, zu kalt.

Veronika versprach, am nächsten Wochenende vorbeizukommen und sich vorher kurz anzukündigen.

Während der Woche verschwand der Koffer völlig aus ihren Gedanken. Der Alltag hatte sie wieder: Der Job im Jobcenter – *haha wie passend*, dachte sie oft – und die übliche Tristesse, wenn sie nach Hause in ihre leere Wohnung kam. Niemand, der sie mit einem selbst gekochten Essen empfing. Niemand, der sie fragte, wie ihr Tag war und ihr die Füße massierte. Stattdessen ertappte sie sich zunehmend dabei, wie sie mit sich selbst redete. *Sollte ich mir vielleicht eine Katze anschaffen?*, fragte sie sich nicht zum ersten Mal. Doch eigentlich mochte sie keine Tiere. Keine Katzen, keine Hunde und auch kein gefiedertes Viehzeug. Sie mochte Tiere noch weniger als Menschen.

Corona hatte immerhin an ihrem Arbeitsplatz einen - zumindest zeitweisen - positiven Effekt gehabt: Publikumsverkehr fand eine ganze Weile nicht mehr statt; alles lief übers Telefon. Sitzungen fanden online statt, und sie musste sich nicht mit renitenten, unterwürfigen, schlecht Deutsch sprechenden »Kunden« herumärgern. Die unterschiedlichsten Gerüche brachten diese Menschen mit. Je nachdem, aus welchen Ländern sie kamen und was sie gerade gekocht oder wann sie sich das letzte Mal gewaschen hatten. Die arabischen Männer hatten die Angewohnheit, sich literweise starkriechende Parfüms über die Haut zu kippen. Deren Frauen hingegen schien es verboten, solcherart Duftwässer zu benutzen. Jedenfalls roch sie bei ihnen selten etwas anderes als Schweiß. Es war eine Erleichterung gewesen, nicht ständig das Fenster aufreißen zu müssen.

Die Woche verging, und es wurde Samstag. Veronika hatte sich, wie versprochen, telefonisch angekündigt und stand erneut vor ihrem Elternhaus.

Es war ein komisches Gefühl, zum ersten Mal als Gast in dieses Haus zurückzukommen. Hierher, wo sie aufgewachsen war, wo sie jede Bodendiele und jeden Nagel in der Wand kannte und zu vielem eine Geschichte hätte erzählen können. Doch wer hätte sich für diese Geschichten interessieren sollen?

Die neuen Besitzer hatten schon einiges verändert. Überall standen Malerutensilien und Leitern herum; es roch nach frischer Farbe. Die Einladung zum Kaffee lehnte sie ab. Nur schnell weg von dort, bevor ihr noch die Wehmut die Tränen in die Augen trieb. Anscheinend konnte sie doch nicht so leicht loslassen, wie sie immer vor sich selbst und anderen behauptet hatte.

Adrian Völkel kam mit einem kleinen schwarzen Lederkoffer aus einem Zimmer. Das Leder war mit dickem weißem Garn an den Seiten abgesteppt. Manche Stiche hatten sich bereits aufgelöst, und auch das Leder war an den Kanten abgestoßen. Auch an der Oberseite des Griffes, wo die beiden Lederstücke aufeinandertrafen, war keine Farbe mehr zu erkennen. Erstaunlich gut intakt zeigten sich die beiden Schnappschlösser, die fast keinen Rost aufwiesen. Veronika wunderte sich einen Moment, dass sie nicht verschlossen gewesen waren.

Am Griff war mit grobem Strick ein Pappschild befestigt, auf dem unter dem Namen »Lotte Heisig« das Wort »**Oksbøl**« stand, das zweimal unterstrichen war. Ein komisches Wort, das Veronika noch nie gehört hatte. Heisig, das war der Mädchenname ihrer Mutter, doch wer war Lotte?

Völkel reichte ihr den Koffer und wischte sich hinterher seine Hände an der Cordhose ab. Veronika nahm das Köfferchen entgegen und stand noch eine Weile unschlüssig im Flur herum. Was sollte sie noch sagen?

»Dann wünsche ich Ihnen weiterhin viel Freude an dem Haus«, verabschiedete sie sich. Freude. Was sollte jemand an so einem alten Kasten schon für Freude haben? In manchen Zimmern waren ja sogar die Leitungen noch über Putz. Die Lehmwände waren uneben und die Decken schlecht verspachtelt. Da würden die Völkels noch viel zu tun haben, bis sich ihr neues Zuhause in einem einigermaßen zeitgemäßen Zustand präsentieren würde. Wie es mit den Elektroleitungen aussah, mochte sich Veronika gar nicht erst vorstellen. Von der uralten Heizanlage, die ihre Eltern noch kurz nach der Wende eingebaut hatten, ganz zu schweigen.

Als sie zu ihrem Auto ging, zwang sie sich, nicht zurückzublicken. Wie hatte sie das Leben auf diesem Kaff gehasst! So oft es ging, war sie in die Einsamkeit der Felder geflüchtet. Dort hatte sie Selbstgespräche geführt mit imaginären Verehrern oder mit Agenten, die endlich ihr Talent zur Sängerin oder Schauspielerin erkannten. Nur durch das Leben in diesen Fantasiewelten hatte sie den tristen Dorfalltag überhaupt ausgehalten.

In die Stadt, die gar nicht so weit entfernt war – schließlich fuhr ihre Mutter jeden Tag mit dem Bus dorthin zur Arbeit – durfte sie ja nicht allein. Jedenfalls nicht, solange sie noch zur Schule ging. Veronika erinnerte sich an einen ihrer ersten Besuche in Leipzig; ihre Mutter hatte ihrem ständigen Betteln endlich nachgegeben. Sie hatte in einem Café gesessen, Cola getrunken und sich schrecklich erwachsen gefühlt. Um auch die letzten Spuren ihrer Jugend aus dem Gesicht zu wischen, hatte sie sich – verbotenerweise – geschminkt.

Vor Kurzem war sie vierzehn geworden. Zwei Männer setzten sich zu ihr an den Tisch und zogen sie ins Gespräch. Sie fühlte sich geschmeichelt, erhielt viele Komplimente und wurde zu Kaffee und Kuchen eingeladen. Später, viel später, war ihr klar geworden, welch leichtes Opfer sie eigentlich abgegeben hätte. Bedenkenlos wäre sie diesen Männern überallhin gefolgt, hätten diese sie nur darum gebeten. Sie war so süchtig nach Aufmerksamkeit und danach, als die Frau gesehen zu werden, als die sie sich fühlte, dass sie genauso hätte enden können wie viele der Mädchen, von denen man in den letzten Jahren so hörte. »Loverboys« nannte man diese Aufreißer, und Veronika hatte genau in ihr Beuteschema gepasst. Allerdings waren die Männer im Café weitaus älter gewesen. Damals hatte sie noch nichts von Pädophilie gehört, und es wäre ihr auch völlig undenkbar erschienen, dass es solche Menschen gab. Sie war ein naives Mädchen gewesen, von den Versuchungen und Gefahren des Westens abgeschirmt wie der Rest der DDR-Bürger auch. Es hatte weder Drogenprobleme gegeben noch Arbeitslosigkeit. Die Kriminalitätsrate war so niedrig, dass es einer Sensation gleichkam, wenn man mal etwas von einem Mord hörte. Natürlich wurde derart auch gut unter dem Teppich gehalten. Schließlich gab es ja im Arbeiter- und Bauern-Staat keine Perversionen oder Menschen, die vergewaltigten und töteten.

Je weiter sich Veronika mit dem Auto entfernte, desto schwächer wurden die Erinnerungen. Erinnerungen auch an schmähliches Scheitern auf dem Gebiet der ersten Liebe. Niemand hatte sie haben wollen. Alle anderen Mädchen in ihrer Klasse hatten schon einen Freund gehabt, während sie darauf angewiesen war, aus der Ferne die Objekte ihrer Begierde anzuhimmeln. Was war ihr da anderes übriggeblieben, als in ihre Fantasiewelten abzutauchen?

Und wie sieht es heute aus?, fragte sie sich. Diese Frage stellte sie sich in der letzten Zeit öfter. Bestand ihr Leben nicht aus einer endlos langen Abfolge des Scheiterns? War daran ihre dörfliche Herkunft schuld? Oder die Tatsache, dass sie nicht dieselben Chancen gehabt hatte wie ihre Altersgenossen im westlichen Teil Deutschlands?

Konnte sie wirklich die Umstände für ihre Unfähigkeit verantwortlich machen, die Männer auszuwählen, die gut für sie waren? *Zumindest hatte ich keinen Schläger!*, sagte sich Veronika. Diese Schmach musste sie nicht auch noch mit sich herumtragen. Fremdgeher, okay, diese Erfahrung hatten auch andere Frauen gemacht. Lügner und Schaumschläger – besonders die, die nach der Wende aus dem Westen kamen und meinten, die Ostfrauen hätten nur auf sie gewartet und würden sie mit offenen Armen und Schenkeln aufnehmen – auch das. War sie ein Opfertyp, der immer die falschen Männer magisch anzog? Veronika zwang sich, nicht schon wieder in diese fruchtlosen Grübeleien zu versinken. Sie dachte an ein Sprichwort ihrer Großmutter: »Jammere nicht über vergossene Milch!«, hatte diese immer gesagt. Und wer, wenn nicht eine alte Frau, die sicher im Krieg Schreckliches erlebt hatte, hatte ein Recht darauf, ihr diesen Ratschlag mitzugeben?

Vielleicht sind in dem Koffer auch Briefe von ihr, ging es Veronika plötzlich durch den Kopf. *Vielleicht erfahre ich jetzt etwas, über das sie nie hatte reden wollen.*

So oft sie bei ihrer Großmutter gewesen war, und so oft sie diese nach ihren Erlebnissen im Krieg gefragt hatte, nie hatte diese ihr darauf eine Antwort gegeben. Auch der fehlende Großvater wurde nie thematisiert. Alle ihre Klassenkameraden hatten zwei Großväter, warum Veronika nur einen hatte, wollte ihr niemand erklären. Sie hatte für sich selbst die Erklärung gestrickt, dass dieser im Krieg gefallen war und dass die Erinnerung für ihre Großmutter zu schmerzhaft war, um darüber zu sprechen. Aber es standen auch nirgends Fotos herum, die die beiden zeigten. Auch keine vom Großvater allein. War er vielleicht ein überzeugter Nazi gewesen, und es gab nur Fotos von ihm in SS-Uniform?

Veronika warf einen schnellen Seitenblick auf den Koffer, der auf dem Beifahrersitz lag und ganz harmlos aussah. Doch wer wusste schon, ob sein Inhalt ebenso harmlos war wie sein Äußeres. Allein schon das Wort auf dem Anhänger versprach Entdeckungen. Auf einmal konnte sie nicht schnell genug heimkommen.

Während Veronika, wie meist, fluchend nach einer Parklücke in der kurzen Seitenstraße suchte, dachte sie wieder einmal daran, dass das Landleben auch seine Vorteile hatte. Damals, als sie noch in ihrem Elternhaus wohnte, aber in der Stadt auf die EOS ging, hatte sie es verflucht. Jeden Tag vor und nach der Schule hatte sie noch eine halbe Stunde mit dem Bus fahren müssen. In dem kleinen Vorort, der eigentlich ein Dorf war, hatte sie keine Freundinnen gehabt, denn die wohnten alle in der Stadt. Aber die Familie ihres Vaters hatte nun einmal dort ein Haus besessen, das sie natürlich nicht verlassen wollten.

Ihre Gedanken gingen zurück in die Zeit, als es darum ging, welchen Beruf sie ergreifen wollte.

»Geh doch in die Spinne!«, hatte ihre Mutter gesagt. Die »Spinne«, das war die große Baumwollspinnerei im Westen der Stadt, in der die meisten Mütter ihrer Klassenkameraden, ebenso wie ihre eigene, arbeiteten. Doch Veronika wollte nicht so aussehen wie ihre Mutter, für die sie sich schämte. Verhärmtes Gesicht, vom Staub in den Räumen stets einen trockenen Husten, die Haut gelb vom ewigen Kunstlicht. Wie gern wäre Veronika Balletttänzerin geworden oder Schauspielerin. Wenn ihre Klasse in eine der Kindervorstellungen der großen Theater ging, träumte sie noch wochenlang davon, selbst auf der Bühne des Opernhauses zu stehen oder des Schauspielhauses oder wenigstens auf einer der kleineren Bühnen. Doch ihre Mutter tat diesbezügliche Wünsche immer mit der Bemerkung »Spinnereien« ab. *Wie lustig*, dachte Veronika dann. *Sie arbeitet in der Spinnerei und bezeichnet meine so anderen Ziele als Spinnerei.*

Schließlich war sie doch dort gelandet. Nach einem Studium als Textilingenieur. Immer wenn Veronika die Diskussionen über das Gendern verfolgte, dachte sie daran, dass in der DDR alle Berufsbezeichnungen männlich gewesen waren. Niemand hatte sich daran gestört. Fragte man eine Frau nach ihrem Beruf, fand keiner etwas dabei, wenn sie antwortete: »Ich bin Kaufmann.« Warum auch? Jeder sah doch, dass vor ihm eine Frau stand. Niemandem wäre es in den Sinn gekommen, sie als »Kauffrau« zu bezeichnen. Es gab einfach Wichtigeres, über das man sich aufregen konnte. Heute schien das anders zu sein. Doch Veronika fand diese gegenwärtigen Aufreger dermaßen lächerlich, dass sie sich oft dachte: *Wenn die keine anderen Sorgen haben!*

Ihre Mutter zum Beispiel, die nur wegen ihrer schulpflichtigen Tochter nicht im Dreischichtsystem arbeiten musste, kam oft erst nach Hortschluss, um sie abzuholen. Sie schaffte es einfach nicht eher, weil sie wieder einmal nach der Arbeit noch irgendwo nach dem Lebensnotwendigen hatte anstehen müssen. Die Horterzieherin, der sie den pünktlichen Feierabend verdorben hatte, war darüber natürlich nicht erfreut gewesen. Und Veronika kam sich wieder einmal wie ein ungeliebtes Anhängsel vor, das niemand wollte. Von ihrem Ehemann bekam die Mutter wenig Unterstützung in Haushalt und bei der Kinderbetreuung. Die vielgepriesene Gleichberechtigung in der DDR fand eben nicht überall statt. Die Männer glaubten auch hier oft das Recht zu haben, obwohl ihre Frauen ebenso lange arbeiteten, sich bedienen zu lassen und sich ansonsten rauszuhalten.

Schon früh hatte sich Veronika geschworen, lieber auf einen Ehemann zu verzichten, als einen solchen Pascha mit durchzufüttern. *Ja, ja*, dachte sie, während sie mittlerweile die dritte Runde im Viertel gedreht hatte, um einen freien Platz für ihr Auto zu finden, *soviel zur Theorie*.

Aufgelöst wurde mit der Wende auch die Baumwollspinnerei. Über 4000 Arbeiter, vorwiegend Frauen, hatten auf einen Schlag ihre Arbeit verloren. Auch Veronika stand nun vor der Frage, wo sie mit ihrem Studium unterkommen könnte. So wie der »Spinne« ging es ja vielen Textilbetrieben im Osten. Und nicht nur denen. Also hieß es Umschulen. Bürokauffrau. So hieß es dann auch generisch korrekt im neuen vereinten Deutschland. Die wurden ja überall gebraucht.

Am Ende war sie dort gelandet, wo wegen der plötzlich hohen Arbeitslosigkeit – ein völlig neues Phänomen im Osten des Landes – viele Stellen zu besetzen waren: Auf dem Arbeitsamt. Später Jobcenter. Weil ja irgendwie alles verdenglischt wurde.

Endlich hatte Veronika in der angrenzenden Straße eine Parklücke gefunden. Zum Glück hatte sie dieses Mal keine schweren Einkäufe, sondern nur einen leichten Koffer zu tragen.

In ihrer Wohnung angekommen, kochte sie sich erstmal einen starken Kaffee.

Wie ein Menetekel stand der Koffer auf dem Tisch vor ihr. Sollte sie sich seinen Inhalt wirklich ansehen? Was würde dabei herauskommen? Würde er sich als Büchse der Pandora entpuppen, wenn sie ihn öffnete?

Demo

In diesem Jahr fiel der »Tag der Deutschen Einheit« auf einen Montag, was Veronika nicht nur ein verlängertes Wochenende bescherte, sondern ihr endlich einmal Zeit ließ, sich auf die Demonstration vorzubereiten.

Sie nahm an den Montagsdemonstrationen erst seit wenigen Jahren teil. Genauer gesagt, seit der Zeit, als der Staat – wie früher zu DDR-Zeiten – durch Gesetze und Verordnungen bestimmte, wie sich seine Bürger in puncto Corona-Vorsorge zu verhalten hatten. In der DDR hatte man niemanden gefragt, ob er sich gegen diese oder jene Krankheit impfen lassen wollte. Reihenweise wurden Klein- und Schulkinder in Arztpraxen und Schwesternstationen durchgeimpft. So weit war es zum Glück noch nicht. Doch nicht nur Veronika befürchtete, dass es dahin noch kommen würde. Wenn, ja wenn nicht genügend Menschen aufstanden und bereit waren, nicht nur im Stillen zu meckern, sondern ihren Standpunkt auch auf der Straße deutlich zu machen.

Warum sollte es zum Beispiel wieder das deutsche Volk sein, das diese ganzen Folgen des Krieges in der Ukraine auf sich nehmen musste? Eines Krieges, für den sie nichts konnten, mit dem sie nichts zu tun hatten, für den sie aber wieder einmal die Rechnung zahlen mussten. Ebenso wie für den in Syrien Jahre zuvor. Warum musste sich dieses, ihr Land, immer für die Ärmsten verantwortlich fühlen und tief in die Staatskasse und damit in das Steuersäckel greifen? Wegen des schlechten Gewissens, Stichwort Kolonialzeit und der zwei Weltkriege? Veronika war der Meinung, dass es hier in Deutschland genug zu tun gab und dass sie sich nicht das Leid der ganzen Welt auf die Schultern laden mussten. Dieser Meinung waren sehr viele von denen, die am Montag mitliefen. Natürlich waren da immer auch die linken Gutmenschen, mit denen sie oft aneinandergerieten.

Obwohl Veronika eigentlich am Wochenende genug Zeit gehabt hätte, den Inhalt des Koffers zu sichten, hatte sie sich mit Ausflüchten darum herumgemogelt. Sie hatte geputzt – was sie hasste – hatte gekocht, was sie immer auf Vorrat tat, und hatte sich eine neue Serie auf Netflix angesehen. Wenn man einmal damit angefangen hatte – so ihre Erfahrung – konnte man schlecht aufhören, bevor nicht der letzte Teil die Auflösung gebracht hatte. Damit hatte sie schon so manchen einsamen Sonntag herumgebracht.

Und nun war es Zeit, sich für die Demo anzuziehen. Das Wetter meinte es zum Glück noch einmal gut mit ihnen. Während es am Samstag noch fast durchgehend geregnet hatte, war schon am Sonntag den ganzen Tag die Sonne dagewesen und hatte für angenehm warme Temperaturen gesorgt. Freilich hatte sie diese hauptsächlich durch ihre frischgeputzten Fenster wahrgenommen, weil sie es nicht geschafft hatte, nach draußen zu gehen. Doch wenn die Sonne schien, war ihre Stimmung immer etwas gehoben. Diese Folgen des Klimawandels ließ sie sich gefallen. Auf die Kälte im Herbst und Winter verzichtete sie gern.

Auch für diesen Montag waren wieder viele einzelne Demonstrationen angekündigt. Das Datum, an dem die Vereinigung – besser wohl der Anschluss – gefeiert wurde, war dazu prädestiniert. Veronika war auch in diesem Jahr – noch weniger als in denen zuvor – nicht zum Feiern zumute. Was hatte ihr persönlich die sogenannte Wende denn gebracht? Sie hatte ihren Arbeitsplatz verloren, hatte nochmal die Schulbank drücken müssen und war schließlich hinter einem Schreibtisch gelandet, auf dessen anderer Seite die Verlierer und die Schmarotzer der Gesellschaft Platz nahmen.

Was sollte an dem Motto der diesjährigen Demo »Für Frieden, Freiheit und Selbstbestimmung« schon auszusetzen sein? Träumte nicht jeder und jede davon? Sie würden über den Innenstadtring ziehen, genauso wie sie vor 33 Jahren über den Innenstadtring gezogen waren. Damals noch voller Hoffnung, jetzt desillusioniert. Aber sie war noch da. Ihre Stimme würde wieder laut zu hören sein. Hatte sie schon während der Stasi-Diktatur nicht geschwiegen, so würde sie dies erst recht nicht in der sogenannten Demokratie tun. Doch die Frage war: Würde sie jemand hören? Würde sich etwas ändern?

Die Demo sollte schon um drei beginnen, und so zog sich Veronika rasch ihre Jacke und ihre Stiefel über, stülpte sich eine Mütze über ihre ungewaschenen Haare und ging zur Tramhaltestelle. Die Maske ließ sie auch diesmal weg, so wie mittlerweile gut die Hälfte aller Fahrgäste. Zwar hatte sie gelesen, dass die Verkehrsbetriebe zusammen mit der Polizei ab sofort streng die Einhaltung der Maskenpflicht kontrollieren wollten, doch das war ihr egal. Dann würde sie eben die Strafe zahlen. Aber vorschreiben lassen, ob und wie sie sich vor diesem ominösen Virus schützen wollte, würde sie sich nicht. Geimpft war sie auch nicht, und würde es auch niemals werden. Natürlich war es nicht zu vermeiden gewesen, dass sie sich angesteckt hatte – wann und bei wem auch immer – aber nach ein paar Tagen war das Schlimmste überstanden gewesen. Und ihre geimpften Kollegen hatte es auch alle erwischt, manche sogar schlimmer als sie. Worin, so sah sie sich in ihrer ablehnenden Haltung bestätigt, bestand also der Sinn dieser Impfung?

Als sie gegen halb drei am Augustusplatz aus der Tram ausstieg, hatten sich am Mendebrunnen vor dem Gewandhaus schon einige Hundert Teilnehmer mit Transparenten versammelt. An diesem Tag würden es sicher noch mehr werden, nachdem schon an den letzten Montagen ein wachsender Zulauf zu verzeichnen gewesen war. Doch auch die Linken rüsteten sich, so hatte sie gelesen. Aus dem Megafon schallten die ersten Parolen: »Für die Heimat, für das Land, Leipzig leistet Widerstand«.

Natürlich war die Polizei wieder mit einem Großaufgebot zur Stelle. Überall standen die blau-weißen Busse herum. Zwischen den Absperrungen zur gegenüberliegenden Seite, auf der die Gegendemo stattfinden sollte, stand ein langes Zelt, in dem das »Kartoffelfest« gefeiert wurde. »Die haben das extra dahingestellt, damit wir die roten Zecken nicht sehen«, behauptete gerade ein älterer Mann, der ein Schild in der Hand hielt. »Alle Deutschen haben das Recht zum Widerstand, wenn andere Abhilfe nicht möglich ist«, war darauf zu lesen.

»Außerdem haben wir so weniger Platz«, beschwerte sich eine Frau mit blau gefärbten Haaren.

Jetzt ergriff ein Oberstleutnant a.D. der Bundeswehr das Wort. Er sei nicht links, sagte er, sondern ein »linksgrüner patriotischer Internationalist«. Veronika verdrehte die Augen. Was bitte sollte das jetzt wieder sein? Der Redner kritisierte auch die Berichterstattung über die Gewaltauswüchse bei der Demo in der letzten Woche. Das sei nicht so gewesen, die Schuld dafür habe die Presse ihnen nur in die Schuhe geschoben. Daraufhin waren die üblichen Sprechchöre zu hören: »Lügenpresse!«

Andere riefen: »Wir lassen uns unsere Kritik aber nicht verbieten. Wir haben die Schnauze voll!«

Allmählich startete der Zug in Richtung Leuschner-Platz. Jener Platz, auf dem die Stadtoberen schon seit Jahren ein Freiheitsdenkmal errichten wollten, zu Ehren der Friedlichen Revolution. Doch alle Entwürfe scheiterten an irgendwelchen bürokratischen oder anderen Hürden. Veronika war das egal. Denkmal oder nicht. Deutschlandweit gab es schon genug Denkmäler. Wer brauchte da noch eins? Sollten sie die Millionen lieber in die Kinderbetreuung investieren!

Auf dem Ring, zwischen Katholischer Kirche, diesem Angriff auf das ästhetische Empfinden eines jeden Menschen, und Neuem Rathaus stockte der Zug. Gegendemonstranten hatten sich auf die Straße gesetzt. Wie Veronika hörte, sollten wohl auch einige Politiker von den Grünen und der SPD auf der Straße Platz genommen haben. Die Polizei schien mit ihnen zu verhandeln. Veronika erspähte auch Wasserwerfer.

»Von Connewitz kommen schon die schwarzen Chaoten«, sagte jemand. Die Farbe stand in dem Fall nicht für die Gesinnung, sondern für die einheitliche Kleidung. Vom Leuschner-Platz schallte die Stimme eines Redners der Gegendemo »Leipzig nimmt Platz« herüber. Veronika verstand nur einige Worte.

Die Polizei leitete sie jetzt an dem Grüpplein der Blockierer vorbei. *Lächerlich!*, ging Veronika durch den Kopf. Genauso lächerlich wie die Umweltaktivisten, die sich am Asphalt festklebten oder wertvolle Gemälde mit Lebensmitteln bewarfen. Als ob das eine wie das andere irgendetwas bringen würde! Über ihnen kreiste lautstark ein Polizeihubschrauber.

Mittlerweile war ihre Demo doch deutlich angewachsen. Sprechchöre erklangen: »Für die Heimat, für das Land, Leipzig leistet Widerstand«. Auch Veronika fiel in den Chor ein. Auch wenn sie mit dem Heimatbegriff nicht allzu viel anfangen konnte. Heimat war für sie immer mit Deutschtümelei und Revanchismus verbunden. Sie dachte an die Vertriebenen, die immer noch in ihre alte Heimat zurückwollten. Als ob sie dort noch irgendetwas von dem vorfinden würden, was sie verlassen hatten. Na ja, dieses Problem hatte sich ja mittlerweile auch von selbst erledigt. Die meisten der Vertriebenen hatten ja jetzt ihre Heimat unter der Erde gefunden. Veronika schämte sich ein wenig für diesen Gedanken. So war sie doch nicht.

Jetzt gingen sie direkt am Zug der Gegendemonstranten vorbei. Während ihre Nachbarn »Wir sind das Volk« skandierten, antworteten die Gegner: »Es gibt kein Recht auf Putin-Propaganda«. Veronika wusste nicht, was Putin damit zu tun hatte. Die meisten, da war sie sich sicher, verurteilten doch seinen Überfall auf die Ukraine und den Krieg dort. Obwohl sie in den letzten Wochen auch schon Plakate gesehen hatte, auf denen eine Inbetriebnahme der Nordstream-2-Pipeline gefordert wurde. *Das hat sich ja jetzt auch erledigt,* dachte sie mit dem Gedanken an die unterirdischen Explosionen dort. Ebenso konnte sie die Forderung nicht verstehen, die Sanktionen gegenüber Russland wieder aufzuheben. Hatten die Ossis nicht genug unter den Russen zu leiden gehabt?

Sie dachte an den verhassten Russischunterricht, der ihnen ab der fünften Klasse aufgezwungen worden war und an die Zwangsbrieffreundschaften, die sie mit irgendeiner Komsomolzin aus Leningrad oder Moskau hatten eingehen müssen. Nein, die vielbeschworene »unverbrüchliche Freundschaft zur Sowjetunion« war letztlich doch bloß eine leere Worthülse gewesen. Einzig Gorbi, ohne den es die Friedliche Revolution und den späteren Mauerfall nicht gegeben hätte, war da wie ein Leuchtstreif am Horizont aufgetaucht. Leider hatte er sich nicht halten können. *Dem wäre es sicher nicht im Traum eingefallen, sein Nachbarland zu überfallen*, dachte sie. *Der würde sich im Grab rumdrehen!* Rechtzeitig fiel ihr noch ein, dass er ja erst jetzt im Sommer gestorben war. Also hatte er doch noch den Einmarsch der Russen miterlebt. Über einen Kommentar von ihm hatte sie allerdings nichts gelesen. Hatte man ihm nicht sogar die Schuld dafür gegeben, dass die riesige Sowjetunion auseinandergefallen und dadurch erst der Überfall auf die Ukraine möglich geworden war?

Wieder stockte der Zug. Nach einer kurzen Verwirrung wurden sie nun parallel zum Ring weitergeführt. Grund dafür sei eine Blockade an der »Runden Ecke«, vernahm Veronika. Die »Runde Ecke« war die ehemalige Stasi-Zentrale und seit einigen Jahren ein privat geführtes Museum. Sie war einmal darin gewesen und zwischen Grusel und Lachflash hin- und hergeschwankt. Sie hatte zum Glück nie etwas mit dem Verein »Horch und Guck« zu tun gehabt. Nicht unwahrscheinlich war es jedoch, dass sie mit ihrem frechen Mundwerk von einem IM aus ihrem Arbeitsumfeld bespitzelt worden war. Das hatte sie jedoch nach der Wende nicht genug interessiert, um ihre sicherlich vorhandene Akte einzusehen. Sie war froh, dass all das vorüber war und wollte nur noch in die Zukunft blicken. Jetzt war diese Zukunft schon Vergangenheit, und ihr würden nur noch wenige Jahre bleiben, um – ja was? Wollte sie wirklich genauso weiter in Richtung Tod marschieren? *Was bitte soll jetzt schon noch kommen?*, fragte sie sich selbst. Sie verbot sich die trüben Gedanken und fokussierte sich wieder auf die Menschen um sich herum. Da waren ältere und alte Männer und Frauen, die hatten sicher auch schon die DDR erlebt. Waren sie deshalb nicht willens, zu allem Ja und Amen zu sagen? Weil sie es bis zum Erbrechen jahrzehntelang hatten tun müssen? Veronika erinnerte sich an dementsprechende Äußerungen in Berichten, wenn ein Reporter Befragungen unter Demonstranten zu ihren Gründen durchgeführt hatte. Es musste ja einen Grund dafür geben, warum diese Demos vor allem im Osten so viele Menschen auf die Straße brachten.

Aber es liefen auch Jüngere mit. Manche schoben Kinderwagen oder trugen ihr Baby in einem dieser neumodischen Tragesäcke vor der Brust. Veronika konnte sich nicht vorstellen, dass das gesund für die Entwicklung des Stützapparates des Babys war.

Auch der weitere Verlauf der Demo musste wegen verschiedener Sitzblockaden der linken Gegendemonstranten mehrmals umgeleitet werden. Veronika verstand nicht, warum die vielen Polizisten es nicht schafften, die Sitzenden von der Straße wegzubekommen. Wahrscheinlich hatten sie keine Lust, die Menschen wegzutragen. Irgendwie konnte Veronika das auch verstehen. Bei dem geringen Gehalt, das die Ärmsten bekamen, würde sie sich auch kein Bein ausreißen.

Neben Veronika rief ein junger Mann den Menschen, die es sich mit einem Kissen unter den Ellbogen an den Fenstern bequem gemacht hatten, zu: »Schließt euch an, oder wollt ihr auf den Dritten Weltkrieg warten?« Das kam ihr nun doch etwas übertrieben vor. Glaubte der wirklich, Putin würde seine Drohung mit den Atomwaffen wahrmachen? Der war zwar verrückt, aber *so* verrückt ja wohl doch nicht.

Nachdem der Demonstrationszug weitere Umleitungen genommen hatte, erreichten sie erneut den Leuschner-Platz, wo die Abschlusskundgebung stattfand. Veronika sah ein großes Transparent mit der Aufschrift »Wenn wir frieren, muss die Regierung zittern – Kosten runter!«

Sie grinste in sich hinein. So schlimm würde es schon nicht werden. Wie oft schon war wegen irgendetwas Panik geschürt worden, und dann war es doch nicht so dramatisch. Sie jedenfalls hatte keine Angst, dass sie im Winter frieren musste. Und Duschen hatte sie noch nie jeden Tag müssen. In der Beziehung stimmte sie dem schwäbischen Ministerpräsidenten zu, dass es auch mal ein Waschlappen täte. Wie hatten sie sich denn früher gewaschen? Da wurde am Samstag der Badeofen angeheizt, und den Rest der Woche benutzten sie eben den Waschlappen. Waren sie deshalb weniger sauber? Dieses tägliche Duschen, das man mittlerweile als eine Art Menschenrecht empfand, war ebenso unnötig wie ungesund. Genauso wie der ständige Kauf der neuesten Mode oder täglich frisches Brot oder Brötchen. Gerade die ehemaligen DDR-Bürger müssten doch wissen, mit wie wenig der Mensch auskommen konnte, ohne seine Menschenwürde zu verlieren. Schließlich waren sie Neunundachtzig nicht wegen Bananen und Ketchup auf die Straße gegangen.

Nach und nach zerstreuten sich die Leute. Auch Veronika trieb mit einigen Grüppchen in Richtung Augustusplatz. Noch immer war viel Polizei zu sehen. *Zum Glück ist heute alles friedlich geblieben*, dachte Veronika. Sie sehnte sich jetzt nach einem Mojito, oder besser noch einem heißen Tee mit Schuss.

Vor einem schwarzen Kleinbus hatte ein Drummer sein Schlagzeug aufgebaut und spielte zur Musik aus dem Verstärker. Das Bündnis »Leipzig nimmt Platz« hatte hier wohl noch eine Kundgebung angemeldet. Veronika blieb kurz vor dem Drummer stehen und wippte im Takt der Musik mit. Plötzlich wurde sie von einem Vermummten angerempelt.

»Hey du, warum läufst du bei den Nazis mit?«, raunzte er sie an. Von seinem Gesicht waren nur die Augen zu sehen, die sie aggressiv anblitzten. Veronika trat ein Stück zur Seite. Sie wollte keinen Ärger. Jeder sollte doch denken, was er wollte. Schließlich gab es im Gegensatz zu früher keine Denk- und Redeverbote mehr. Doch der Vermummte ließ sie nicht in Ruhe und pöbelte weiter. Da trat an seiner Seite ein Mann mit einer Presse-Weste vor ihn und hob beschwichtigend seine Hände. »Hey Kumpel, nur die Ruhe, okay? Lass die Frau in Frieden!« Um seinen Hals baumelte eine Kamera mit Riesenobjektiv. Der Störenfried zog sich grummelnd zurück, nicht ohne ihnen noch den Mittelfinger zu zeigen.

Der Pressemensch wandte sich an Veronika. »Sorry, Arschlöcher gibt's überall.«

»Nicht so schlimm«, sagte sie, obwohl sie sich schon ein wenig bedrängt gefühlt hatte.

»Hast du Lust auf einen Kaffee?«, fragte der Unbekannte und streckte ihr seine Rechte hin. »Ich bin Bernd Walter«, fügte er hinzu. Die allgemeine Duzerei hatte sie anfangs gestört, doch mittlerweile fand sie es eher komisch, wenn sie von Jüngeren gesiezt wurde. Da fühlte sie sich gleich nochmal um einige Jahre älter.

»Gern. Ich wollte sowieso noch was trinken.«

Unsicher blickte sie sich um. Am Augustusplatz gab es nicht allzu viele Möglichkeiten. In die Burgerkette mit der Gans über dem Eingang wollte Veronika nicht gehen.

»Wir können zum Markt laufen«, schlug der Journalist vor. »Da finden wir sicher was.«

Veronika nickte. Während sie neben ihrer neuen Bekanntschaft durch die gut gefüllte Einkaufsstraße Richtung Markt lief und sich fragte, wieso die Ladeninhaber über mangelnde Kundschaft klagten, wo doch hier die Menschen massenweise aus den Schuh- und Klamottenläden, den Buchgeschäften und Souvenirshops strömten, gingen ihre Blicke verstohlen zu ihrem Begleiter. Er schien einige Jahre jünger zu sein als sie; auch er hatte eine Mütze auf, so dass seine Haare nicht zu sehen waren. *Ich werde meine Mütze aufbehalten*, dachte Veronika, *meine Haare sehen gar so schrecklich aus. Bild dir bloß nicht ein, dass der Typ dich angesprochen hat, weil er dich so toll findet*, ätzte sie gleich darauf. *Wahrscheinlich will er mich überzeugen*, gab sie sich selbst einen Grund. *Vielleicht will er auch ein Interview, will wissen, wieso ich bei den Querdenkern mitlaufe.*

Sie landeten im Spizz, wo, wie immer, viel zu laute Jazzmusik durch die Lautsprecher schallte. Veronika entschied sich nun doch für einen Mojito, Bernd Walter nahm ein Bier. *Ich hab ihm noch gar nicht meinen Namen gesagt*, fiel Veronika ein und schnell holte sie das Versäumnis nach.

»Gut, dass alles friedlich geblieben ist«, sagte Bernd Walter. Und fügte hinzu: »Letzten Montag gab es ja leider einige unschöne Zwischenfälle.«

Veronika nickte nur.

»Läufst du jeden Montag mit?«, wollte Bernd wissen und trank aus seiner Flasche, die inzwischen gebracht worden war.

Wird das hier ein Verhör?, dachte Veronika. Sie verspürte einen latenten Widerwillen gegen diesen Mann und seine Fragen. Lag das in der Natur der Sache, weil er Journalist war? War er überhaupt Journalist?

»Seit Corona laufe ich wieder mit«, gab sie zu. Um jedoch gleich eine Gegenfrage zu stellen: »Für welches Blatt schreibst du denn?«

Bernd Walter schien die Frage unangenehm zu sein. »Eigentlich bin ich ja eher für die Fotos zuständig; die Texte schreiben andere«, sagte er. »Und fest angestellt bin ich auch nirgends. Jedenfalls nicht mehr. Ich arbeite als freier Fotograf.«

Aha. War er auch ein Wendeverlierer? So alt sah er eigentlich nicht aus. Veronika wollte nicht tiefer bohren. Doch worüber sollte sie sich mit diesem Fremden unterhalten?

Schweigend zog sie an ihrem Strohhalm. Seit die Halme aus Plastik verboten waren, bekam man wahlweise welche aus Metall, an denen man sich, wenn man sich nicht vorsah, die Zähne ausstoßen konnte, oder welche aus Glas. Bei beiden fragte sich Veronika stets, wie es mit der Säuberung aussah. Sie wusste, dass es dafür diese kleinen Bürstchen gab. Doch wurden die auch bei den vielen Röhrchen vorschriftsmäßig verwendet oder spülte man die Dinger nur grob aus oder hoffte gar, dass sie in der Maschine sauber würden?

Im Spizz hatte man – vielleicht aus Gründen der Hygiene – auf Rohre aus Pappe zurückgegriffen, die den Nachteil hatten, dass sie bereits nach kurzer Zeit anfingen, sich aufzulösen. Außerdem war der Geschmack von feuchter Pappe nicht wirklich angenehm im Mund. Seufzend zog sie ein weiteres Mal an dem bunt bedruckten Halm. *Hoffentlich sind wenigstens die Farben unschädlich*, dachte sie.

Nachdem sie einige Zeit geschwiegen hatten, räusperte sich Bernd Walter. »Was machst du denn sonst so in deiner Freizeit, wenn du nicht auf Demos gehst?«

Veronika überlegte, was sie ihrem Begleiter auf diese Frage antworten sollte. Sie konnte schlecht von ihrem ausufernden Netflix-Gebrauch erzählen. Und außer Lesen, und das auch immer weniger, fiel ihr kaum etwas ein. *Kino*, kam ihr in den Sinn, auch wenn sie schon lange nicht mehr dort gewesen war. Hoffentlich würde er sich jetzt nicht mit ihr über die aktuellen Filme unterhalten wollen und ihre Hochstapelei entlarven. Doch er seufzte nur. »Ja, da sollte ich auch mal wieder hingehen. Jetzt findet ja wieder die DOK statt, die haben immer ganz interessante Filme. Vielleicht könnten wir uns ja mal zusammen einen ansehen und uns hinterher darüber austauschen.«

Veronika nickte unbestimmt. Sie war weder eine Freundin von Kurz- noch von Dokumentarfilmen. Aber wenn sie das jetzt sagte, würde er sie vielleicht für eine Kunstbanausin und eine Main-Stream-Userin halten. *Und wenn schon!*, sagte sie sich gleich darauf. *Was interessiert mich, was dieser Fremde von mir denkt!?*

Nach einer weiteren Weile des Schweigens sagte Bernd plötzlich: »Weißt du, dass du ein ausdrucksstarkes Gesicht hast? Ich würde gern ein Porträt von dir machen.«

Veronika verschluckte sich beinahe an ihrem letzten Schluck Mojito. Was sollte das jetzt bitteschön? Wollte der sie verarschen? Aber nein, sein Gesicht blieb völlig entspannt, ja gespannt, als er auf ihre Antwort wartete.

»Ähm, also ehrlich, findest du auf der Straße keine jüngeren Modelle?«

Bernds Blick verriet Unglauben. »Wieso meinst du, junge Frauen würden sich besser zum Fotografieren eignen? Deren Gesichter sind zwar in der Regel glatter und faltenloser, aber ich finde, dass gerade das Unvollkommene, das, worin sich Lebenserfahrung und Abgeklärtheit spiegelt, viel interessanter ist. Das Perfekte hat mich noch nie interessiert.«

Veronika zeichnete mit ihrem Finger Kringel in die Nässe auf dem Tisch. Dass die auch immer die Gläser so voll machen mussten!

»Muss ich mir überlegen. Hast du eine Karte?«

Bernd zog eine verknitterte Visitenkarte aus seiner Jackentasche. Veronika steckte sie unbesehen in ihren Rucksack.

»Ich muss dann auch mal«, sagte sie und winkte dem Kellner, der gerade am Nachbartisch bedient hatte. Bernd legte seine Hand auf ihre, die schon das Portemonnaie herausziehen wollte.

»Lass mal, das übernehme ich.«

Kurz überlegte Veronika, ob es die Anstrengung lohnen würde, eine Diskussion anzufangen. Schließlich ließ sie ihre Geldbörse wieder in den Rucksack gleiten und bedankte sich. Dann stand sie auf und reichte ihm die Hand.

»Bis dann mal«, sagte sie unverbindlich und ging zum Ausgang.

Draußen atmete sie tief die herbstliche Luft ein. Jetzt, wo die Sonne weg war und der Wind aufgefrischt hatte, wurde es doch empfindlich kühl. Sie schloss den Reißverschluss ihrer Jacke und ging zur Straßenbahnhaltestelle. Einige Grüppchen von Demonstranten, meist schwarz gekleidet, also aus dem gegnerischen Lager, trieben sich noch in der Stadt herum. Auf dem Augustusplatz dröhnte Rockmusik aus den Lautsprechern. Auch dort hielten sich einige von den Alternativen auf, rauchten, tranken aus Bier- oder Mateflaschen und freuten sich wahrscheinlich darüber, dass sie mit ihren Blockaden die anderen gezwungen hatten, von der geplanten Route über den Ring abzuweichen. Veronika spürte keine Bitterkeit. Sie waren jung. Sie hatten das Recht der

Jugend, kompromisslos und anarchisch zu sein. Auch sie würden noch lernen, was es hieß, sich einzurichten. Die Mühen der Ebene hinter sich zu bringen. Auch sie würden noch sehen, dass ihnen die Trauben nicht in den Mund wachsen würden. *Erst mal richtig arbeiten*, dachte Veronika, *Geld verdienen und sich von Papas Unterstützung freimachen*. Oft hatte sie sich schon gefragt, woher die vielen jungen Leute das Geld hatten, die teuren Getränke und Veggi-Essen in den Bars und In-Lokalen zu zahlen. Sie dachte dann an ihr Studium, an die dreihundert Mark Stipendium, die sie bekommen hatte und von denen sie Unterkunft, Essen und die Fahrten nach Hause hatte bezahlen müssen.

Was solls, dachte sie, während sie in die Tram einstieg, die schon gut gefüllt war, *nicht mein Problem*. Dass sie diesen Typen nicht anrufen würde, stand für sie fest.